Duanaire an Chéid

Duanaire an Chéid

Gearóid Denvir
a chuir in eagar

Cló Iar-Chonnachta
Indreabhán
Conamara

An Chéad Chló 2000
An Dara Chló 2003
An Tríú Chló 2005

ISBN 1 902420 75 5

Sa tsraith chéanna
Gearrdhrámaí an Chéid ISBN 1 902420 31 4 (crua)
Gearrscéalta an Chéid ISBN 1 902420 40 3 (bog)
Rogha an Chéid (sraith iomlán) ISBN 1 902420 34 9

Ealaín chlúdaigh: Tim Stampton
Dearadh clúdaigh: Johan Hofsteenge
Dearadh: Foireann CIC

Tugann Bord na Leabhar Gaeilge
tacaíocht airgid do Chló Iar-Chonnachta

Bord na
Leabhar
Gaeilge

Tugann An Chomhairle Ealaíon cabhair airgid
do Chló Iar-Chonnachta

Clóchur: Cló Iar-Chonnachta, Indreabhán, Conamara
   Teil: 091-593307   **Facs:** 091-593362   **r-phost:** cic@iol.ie
Priontáil: ColourBooks Ltd., Baile Dúill, Baile Átha Cliath 13
   Teil: 01-8325812

Clár

Réamhrá

Is é atá sa duanaire seo an céad dán Gaeilge de chuid an fichiú haois is fearr leis an eagarthóir. Ach an oiread leis an tochas, is galar gan náire an fhilíocht agus is cinnte nach lia léitheoir ná tuairim i dtaobh na rogha atá déanta. Cá bhfios, fiú, dá n-iarrfaí ar an eagarthóir céanna bualadh faoin gcúram seo faoi cheann deich mbliana eile gurbh é an rogha chéanna a d'fheicfí dá thoradh? Dánta mar ráitis shuntasacha chruthaitheacha iontu féin seachas saothar le filí ar leith a roghnaíodh. B'fhurasta roinnt dánta le riar áirithe filí a roghnú ó thréimhsí éagsúla de chuid an chéid, nó sin fiú, roinnt dánta le chuile fhile, nó cuid shuntasach díobh, a d'fhoilsigh cnuasach le linn an chéid. B'fhurasta chomh maith féachaint le freastal ar aidhmeanna eile seachas fiúntas sainiúil na ndánta féin: sampla ionadaíoch de shaothar 'scothfhilí' na tréimhse a roghnú; saothar a léireodh forás stairiúil agus liteartha an chéid a chur i láthair trí shraith dánta in ord croineolaíoch a gcéadfhoilsithe ina leaganacha deifnídeacha i gcnuasaigh; cothromaíocht idirchanúna a chinntiú; a 'gceart' a thabhairt do bhanfhilí, d'fhilí Gaeltachta, d'fhilí cathrach, d'fhilí aeracha, mar shampla.

Ní hé sin cur chuige an duanaire seo. Baineadh gaisneas as slata tomhais aeistéiticiúla agus ealaíne amháin sa roghnú a rinneadh. Má fhágann sin go mbaineann tromlach na ndánta anseo thíos leis an tréimhse ó dheireadh na seascaidí anuas is ráiteas ann féin an méid sin, b'fhéidir, faoin bhforás a tháinig ar an bhfilíocht sa tréimhse atá i gceist. Is cinnte go bhfágann an leagan amach seo riar dánta ó fhilí aon dáin sa duanaire, filí nár scríobh mórán filíochta riamh roimh an dán áirithe sin ná go deimhin ó shin – Pádraig Ó hÉigeartaigh, Breandán Ó Beacháin agus Máire Ní Thuama, mar shampla. Fágann sé chomh maith go bhfuil riar dánta ann ó fhilí aon chnuasaigh a thug seal faoin bhfilíocht ach nár shaothraigh an cheird go leanúnach ina dhiaidh sin. Barr air sin, fágann sé filí áirithe ar lár ar fad a shaothraigh tamall nó atá fós ag saothrú leo go díograiseach i ngort na filíochta agus a bhfuil saothar suntasach saoil curtha ar fáil ag cuid acu i líon maith cnuasach – filí *manqués* d'eagarthóirí nó de chriticí san áireamh! An méid sin ráite faoi aidhm agus modh eagarthóireachta an tsaothair seo, áfach, is léar san am céanna go gcaithfeadh sé a bheith mar thoradh tánaisteach ar a laghad ag duanaire mar seo léargas ionadaíoch, fiú stairiúil, a bheith ann ar fhilíocht na tréimhse atá i gceist. Ina theannta sin, is léar gurb ionann dán le file ar bith a roghnú agus aitheantas agus ómós don cheardaí chomh maith leis an déantús. Ar an ábhar sin, ní foláir gurb ionann, abair, ceithre nó cúig dhán le file a roghnú agus aitheantas ar leith don fhile sin thar, mar shampla, file nach roghnaítear ach dán amháin leis. Beartaíodh gan níos mó ná cúig dhán le file ar bith a chur san áireamh, arae dá roghnófaí, abair, scór dánta le Seán Ó Ríordáin, le Cathal Ó Searcaigh nó le Nuala Ní Dhomhnaill, le triúr de 'mhórfhilí' na haoise a lua, chuirfeadh sin cothromaíocht an duanaire as a riocht ar fad.

Ní 'Scoth-100' in ord feabhais fearacht phopchairteacha ár linne ná liosta dánta le marc moltóra i gcomórtas atá sa rogha seo ach an oiread. Ina dhiaidh sin féin, is minic gur ráiteas ann féin ord foilsithe dánta i nduanaire den chineál seo. Is iondúil go leantar ord croineolaíoch de shórt éigin: dáta breithe an fhile nó dáta foilsithe dánta i gcnuasach. Cothaíonn sin deacrachtaí áirithe, dar liom. Céard ba cheart a dhéanamh i gcás file a bhfuil níos mó ná cnuasach amháin i gcló leis? Má chuirtear an saothar i ndiaidh a chéile cailltear an léargas stairiúil. Má scartar ó chéile na dánta a roghnaítear ó chnuasaigh éagsúla cailltear aon léargas cuimsitheach ar an saothar ann féin. Agus maidir le filí comhaimseartha nó filí de chuid na glúine céanna, an ionann tús áite sa duanaire agus luacháil feabhais? Ar an ábhar sin, beartaíodh dánta an duanaire seo a chur i láthair de réir ord aibítre shloinne na bhfilí, agus sa chás go bhfuil níos mó ná dán amháin ann leis an bhfile céanna, cuirtear na dánta i láthair de réir ord aibítre na dteideal.

Deacracht eile fós a bhíos roimh eagarthóir ar bith is ea ceist na ndánta fada agus na sraithdhánta, leithéidí *Aifreann na Marbh*, *Trí Glúine Gael* agus *Beairtle*, mar shampla. Bíodh is gur sárphíosaí filíochta iad ar fad a bhfuil aontacht shoiléir aeistéiticiúil, théamúil agus struchtúrtha le sonrú orthu, tá a leithéid chomh fada ina n-iomláine go gcuirfidís an duanaire as a riocht chomh maith. Dá réir sin, beartaíodh gan ach sleachta ionadaíocha a chur i láthair anseo. Ceist eile fós ba ghá a réiteach ná teorainneacha ama an duanaire go mórmhór sa ré seo ina bhfuil bunáite na ndaoine ag dul amú ar cheartbhliain tosaigh na mílaoise féin. Beartaíodh tús a chur leis an duanaire le tréimhse na hAthbheochana Liteartha i dtús an fichiú haois nuair a féachadh le nuafhilíocht a chur ar fáil sa Ghaeilge i gcéaduair. Fágann sin nach bhfuil saothar leithéid Choilm de Bhailís, a maiseodh a rídhán 'Cúirt an tSrutháin Bhuí' duanaire ar bith, san áireamh bíodh is nár foilsíodh a chuid amhrán den chéad uair go dtí 1904 agus gur mhair an file féin go dtí 1906. Baineann a shaothar seisean, agus saothar leithéid Bhob Weldon (1835-1914) sna Déise, leis an naoú haois déag ó thaobh ábhair, foirme, meoin agus feidhme. Ach tá a shliocht litearta araon san fhichiú haois anseo thíos – na filí pobail Joe Shéamais Sheáin Ó Donnchadha, Johnny Chóil Mhaidhc Ó Coisdealbha, Learaí Phádraic Learaí Ó Fínneadha agus Pádraig Ó Miléadha – gan trácht ar thionchar díreach a leithéidí ar shaothar filí eile Gaeltachta mar Sheán Ó Lúing, Seán Ó Curraoin, Máire Áine Nic Gearailt agus Micheál Ó Cuaig.

Buaicphointí atá i ndánta an duanaire seo a sheasfas, dar liom, teist scéalaíocht na haimsire agus a léifear le pléisiúr agus le hiontas chúns a bheas an Ghaeilge féin á léamh. Bréagnaíonn siad dearbhú Uí Chadhain in *Páipéir Bhána agus Páipéir Bhreaca* go bhfuil an iomarca éascaíochta ag roinnt le cumadh na filíochta agus nach bhfuil i bhfilíocht Ghaeilge a linne féin den chuid is mó ach 'liricí deasa neamhurchóideacha ocht líne'. Bhí

a shainleagan féin ar an scéal seo ag Alan Titley, mar is dual dó,
sa cheangal a chuir sé lena aiste 'Clocha Saoirsinne agus
Bláithíní an tSléibhe':

> I gcás na Gaeilge is é an scéala
> na figiúirí go léir ní féidir a shéanadh
> go bhfuil triúr filí fós in aghaidh gach scríbhneora
> (agus fiú más fíor go scríobhann siad go léir seoda
> rud is éadócha is a chreidiúint ní fhéadaim)
> táimid go léir inár gcónaí faoi scáth an túr éabhair
> amhail is dá mba thuas ann a bhí dúchas na Gaeilge.
> (*Chun Doirne: Rogha Aistí*, lch 55)

Gan bhuíochas den leagan amach sin ar an scéal, creidim gur
cúis cheiliúrtha atá i gcéad dán seo an chéid a léiríos beocht,
fuinneamh, scóipiúlacht agus cumas cruthaitheach ar dheacair a
leithéid a thuar do theanga a bhí ag saothrú an bháis agus filí
thús an chéid sin ag bualadh faoi athbheochan na ceirde
dúchais.

Glactar leis coitianta gurbh é *Ubhla den Chraoibh* Dhubhghlais
de hÍde, a foilsíodh i 1901, an chéad chnuasach filíochta Gaeilge
riamh i gciall nua-aoiseach an fhocail, a thug guth i gcéaduair,
dá laige féin í, do nuafhilíocht na Gaeilge. Ainneoin chorrscail
shuntasach chruthaitheachta as sin go dtí foilsiú chéad-
chnuasach Uí Dhireáin, *Coinnle Geala*, i 1942, is beag filíocht de
rath a cumadh le linn chéadghlúin liteartha sin na haoise. Tá a
bhfuil ann di breac le traidisiúnaíochas iardhearcach a mhóras
seansaol útóipeach na nGael mar a samhlaítear é don fhile mar
urlabhraí de chuid ghluaiseacht na hAthbheochana. Tráchtar
inti ar shaol an Ghaeilgeora, ar Chonradh na Gaeilge, ar thurais
chuig an nGaeltacht, ar mhioneachtraí i saol pobail áitiúil.
Moltar an ghluaiseacht náisiúnta saoirse agus an Ghaeilge féin,
agus cáintear dá réir sin an seoinín gallda agus a mháistir, Seán
Buí. Tá an saothar seo lán de dhóchas agus de mhisneach
do-chreidte, do-chloíte, soineanta a d'eascair as spiorad na
hathghabhála a bhí an cine dúchais mar a facthas dóibh féin é a

dhéanamh ar a n-oidhreacht dhlisteanach stairiúil san am. Is deacair, áfach, a mhaíomh gur filíocht a bunáite i gciall ar bith den fhocal! Mar a dhearbhaigh Frank O'Brien in *Filíocht Ghaeilge na Linne Seo*, ba é an Piarsach an chéad duine den ghlúin seo a scríobh filíocht inchreidte sa chéad phearsa, ach níl againn ar fad uaidh ach dornán beag dánta i ndeireadh thiar thall. Shaothraigh Liam S. Gógan an fhilíocht go dícheallach leanúnach óna chéad chnuasach ceannródaíoch *Nua-Dhánta* (1919) go dtí *Duanaire a Sé* (1966), agus is é an dán dea-shnoite, ceardúil, saothraithe, ardliteartha, más róléannta féin, gona núáil teanga agus foirme a fuineadh as an tseanteanga liteartha is mó a d'fhág sé mar oidhreacht ina dhiaidh. Tá sofaisticiúlacht nua-aoiseach cathrach, súil leathghéar, leathíoróineach ar an saol ina thimpeall, agus dearcadh láidir iarchoilíneach mar a thabharfaí inniu air, le sonrú ar a shaothar fré chéile, mianach a bhí sách gann i saothar a chomhaimsearthach i dtús a ré mar fhile go mórmhór. Baineann éacht ceapadóireachta Phádraig Uí Mhiléadha, *Trí Glúine Gael* (a foilsíodh i gcéaduair i 1953, ach a scríobhadh i 1944), le céadghlúin na nuafhilíochta ó thaobh ábhair agus foirme, fearacht na coda eile dá shaothar scóipiúil. Ní bhfuair an dán fada cumasach seo, ach an oiread le hiarracht fhada eile uaidh, *An Fiannaidhe Fáin* (1934), a cheart riamh ó lucht na critice, agus is ar amhráin dá chuid ar nós 'Sliabh Geal gCua na Féile' nó 'Na Tincéirí' is mó a chuimhnítear anois. Tarraingíonn sé ar mhodhanna reacaireachta scothfhilíocht Chúige Mumhan san ochtú haois déag in *Trí Glúine Gael* d'fhonn léargas bunúil géarchúiseach a thabhairt ar phobal cloíte a bhí i mbun athghabhála go neamhleithscéalach ar a oidhreacht féin. Rianaíonn sé scéal an phobail sin, agus a scéal pearsanta féin ina orlaí tríd, trí shúile duine de chuid na cosmhuintire in imeacht na dtrí glúine de stair na tíre ó aimsir a sheanathar i dtosach an naoú haois déag anuas go dtí urlár a lae féin. Ceann de mhórbhuanna an tsaothair, dar liom, an chaoi a n-éiríonn leis an bhfile dul i ngleic leis an saol iarbhír comhaimseartha i ndeireadh an dáin ar bhealach atá inchreidte agus réalaíoch amach is amach gan aon athrú ná feall ar stíl na reacaireachta mar a bhí ó thús an dáin, rud is léar sna sleachta atá sa duanaire seo. Eisceachtaí suntasacha ar an gcuma chéanna fearacht shaothar na bhfilí thuasluaite, buaicphointí lena linn féin, is ea na dánta anseo thíos le Piaras Béaslaí, Osborn Bergin, Áine Ní Fhoghlú agus Pádraig Ó Duinnín, agus ní miste iad a cheiliúradh dá réir sin, arae is é a chruthaigh céadghlúin sin na héigse ar deireadh thiar go bhféadfaí filíocht a chumadh athuair i dteanga a bhí fós féin i mbéal an bháis mar theanga labhartha agus liteartha.

Más cúraimí pobail seachas pearsanta, maille le ceisteanna teanga agus cultúir, a bhí ag dó na geirbe ag filí na hAthbheochana den chuid is mó, is é atá i saothar na glúine a lean allagar intleachtúil trí mheán an Fhocail leis an saol ina dtimpeall. Seo iad an ghlúin, i bhfriotal Uí Ríordáin ina dhán 'Na hÓinmhidí', a baisteadh i gCreideamh an Fhocail. Seo iad an dream a mhair i ré dhearóil, i *wasteland* lán *Angst* agus *ennui* na mblianta iarchogaidh. Níor leor feasta an leagan amach simplíoch, neamhcheistitheach, traidisiúnaíoch ar an saol. Ní tuairisc ná reitric ná dánta molta teanga agus tíre a bheadh feasta faoi rath ach imeachtaí na haigne a bhí cromtha le ceist. Má b'ionann filíocht agus feiceáil sa tseanré, b'ionann anois í agus athchruthú agus athleagan ar an saol trí shúile file, *imbas forasna* na ré úire. Saothar scóipiúil, dúshlánach, ceannródaíoch a chuir na rí-éigis i measc na glúine seo ar fáil. Má ba mhisniúil é dúshlán na chéad ghlúine faoi chumhacht na hImpireachta, b'amhlaidh don athghlúin a thug dúshlán cheartchreideamh an réimis nua dhúchais ar mhórán bealaí. Ba mhisniúil an seasamh, mar shampla, *non serviam* Uí Ríordáin atá le léamh ar chuile fhocal de *Eireaball Spideoige* a foilsíodh i 1952 go gairid tar éis chonspóid Bhille an Linbh agus na Máthar. Níor thaise é do ráiteas paiseanta collaí reacaire *Margadh na Saoire* Mháire Mhac an tSaoi a foilsíodh i 1956 mar is léar ó dhán cumasach ar nós 'Ceathrúintí Mháire Ní Ógáin' thíos – agus an méid sin ó fhile mná! Bean ag feadaíl nó ag filíocht, arú!

D'aithin Frank O'Brien mianach 'thriúr mór na nuafhilíochta', Ó Ríordáin, Ó Direáin agus Mac an tSaoi, in *Filíocht Ghaeilge na Linne Seo*, an chéad saothar critice leabharfhada faoi nuafhilíocht na Gaeilge, a foilsíodh i 1968. San am céanna, áfach, thug sé le tuiscint gur bheag eile ar fónamh a bhí á scríobh le linn na tréimhse 1939-1962. Tharla chomh maith gur bheag saothar eile critice de rath a bhí ar fáil sa Ghaeilge i réimse na filíochta, choinnigh an chanóin eisiatach bhrianach seo saothar suntasach comhaimseartha le filí eile ó shúile lucht léite agus pléite na filíochta cuid mhaith agus chinntigh sé nach mbronnfaí an teideal 'mórfhile' ar aon duine eile de chuid na haimsire sin. Chinntigh sé freisin go gcreidfeadh glúin i ndiaidh glúine de scoláirí ollscoile nach raibh de nuafhilíocht sa Ghaeilge ach saothar an triúir sin. Thug O'Brien beagán aitheantais, ach é ar easpa théagar machnaimh agus anailíse, do Thomás Tóibín agus Pearse Hutchinson, ach bhí saothar suntasach filíochta á fhoilsiú go leanúnach chomh maith in irisí mar *Comhar* agus *Feasta* ag Seán Ó Tuama, Micheál Mac Liammóir, Eoghan Ó Tuairisc agus Art Ó Maolfabhail, mar shampla, i ndeireadh na gceathrachaidí agus i gcaitheamh na gcaogaidí agus na seascaidí. Is deacair a thuiscint go bhféadfadh dán chomh cumasach le 'Aifreann na Marbh', a foilsíodh in *Feasta* i mí Eanáir, 1963, imeacht gan a thuairisc ón mBrianach. Tugadh leaba i measc na n-éigeas don drong seo ar fad, gan dabht, in *Duanaire Nuafhilíochta* Uí Bhriain i 1969, ar compánach é do *Filíocht Ghaeilge na Linne Seo*, ach b'aitheantas gan anailís an méid sin. Tháinig bláth suntasach ar shaothar na bhfilí seo i mblianta tosaigh na seascaidí le foilsiú riar mhaith cnuasach tábhachtach: Seán Ó Tuama, *Faoileáin na Beatha* (1962), Seán Ó hÉigeartaigh, *Cama Shiúlta* (1964), Art Ó Maolfabhail, *Aistí Dána* (1964), Micheál Mac Liammóir, *Bláth agus Taibhse* (1964), Réamonn Ó Muireadhaigh, *Athphreabadh na hÓige* (1964), agus Eoghan Ó Tuairisc, *Lux Aeterna* (1964).

Fágann bláthú seo na filíochta sna seascaidí nach fás thar oíche, gan fréamhacha in ithir bhisiúil, a bhí i saothar na glúine dá ngairtear *Innti* ó dheireadh na seascaidí ar aghaidh. Go deimhin féin, bhí nasc soiléir idirghlúine ann sa méid go raibh an Ríordánach ina scríbhneoir cónaitheach i gColáiste na hOllscoile, Corcaigh, agus Michael Davitt, Liam Ó Muirthile, Nuala Ní Dhomhnaill, Gabriel Rosenstock agus riar filí óga eile, ag dul i mbun pinn san institiúid sin i gcéaduair. Agus má bhaist an Tuamach *pied piper* na gluaiseachta ar Davitt, b'fhéidir nár mhiste an chraobh sin a bhronnadh air féin, tharla é a bheith ina Léachtóir i Roinn na Gaeilge sa Choláiste ag an am, agus saothar ceannródaíoch á sholáthar aige i réimsí na critice, na drámaíochta agus na filíochta Gaeilge, gan trácht ar a raibh de phlé dhúshlánach á dhéanamh ina chuid ranganna ós múinteoir den scoth a bhí ann freisin.

Más ceisteanna tromchúiseacha, duairce, dáiríre faoi bhrí na beatha le linn tréimhse ina raibh na seanchinnteachtaí ag titim as a chéile ar fud an domhain mhóir a thiomáin cuid mhaith d'fhilíocht Ghaeilge na gcaogaidí agus na seascaidí – agus díol suntais, ní miste a lua mar léiriú air sin, an easpa grinn ina bunáite – ceannairc agus treascairt spleodrach ba bhonn le cuid mhaith den fhilíocht is fearr de chuid ghlúin *Innti* go mórmhór sna blianta tosaigh. Labhair Gréagóir Ó Dúill ar son spiorad na linne ina dhán 'Díomas' nuair a mhaígh sé, 'De ghlúin mise nach bhfeacann go héasca' (*Blaoscoileán*, lch 11).

Ar leibhéal amháin lean an ghlúin seo, chuile fhile acu ina bhealach sainiúil féin, comhairle Uí Ríordáin in 'Fill Arís', agus chuadar faobhar na faille siar go Corca Dhuibhne ag sealbhú dhúchas na Gaeltachta mar a bhí sé beo beathach thiar murab ionann is an chonstráid de Ghaelachas agus de Ghaeltacht a shaothraigh cuid mhaith dá sinsir liteartha rompu. Mar a dhearbhaigh Davitt, agus go leor eile mar aon leis, aithne dhúnchaoineach a chuir siad orthu féin le linn an aistir sin. Féinaithne de thoradh 'léarscáiliú na mbóithre isteach' (aidhm na filíochta dar le Ó Muirthile) a bhí i gceist seachas leagan d'fhírinne oibiachtúil éigin a bhí le bronnadh orthu faoi shéala traidisiúnta, údarásach. Ní raibh aon chall feasta le héileamh róshaoráideach ró-chomhfhiosach ar an nGaelachas. B'ionann scríobh i nGaeilge agus a bheith san imirt. I bhfriotal Ghabriel Rosenstock, filí Gaeilge a bhí iontu seachas filí Gaelacha agus iad mar a dúirt Davitt ag gabháil de dhánta i gcomhthéacs sonrach cathrach. Cár mhiste gurbh iad an chéad bhuíon filí riamh iad, b'fhéidir, 'nach n-aithneodh an chopóg ón neantóg', mar a shonraigh Davitt ina dhán 'Seandaoine' óna chéad chnuasach, *Gleann ar Ghleann*. Tharla gur i nGaeilge a bhí siad ag scríobh, thiocfaidís le dearcadh Uí Ríordáin rompu ar an scéal i réamhrá cáiliúil *Eireaball Spideoige*:

> Tá daoine sa tír seo a deir ná fuil scríbhneoirí Gaeilge na linne seo traidisiúnta. Creidim go bhfuil dearmad orthu. Ag féachaint ar na scríbhneoirí ón gclós atá na daoine seo. Laistigh den teanga atá na scríbhneoirí agus ní amuigh sa chlós. I dteampall na Gaeilge atáid ag paidreoireacht agus má mhúsclaíonn siad paidir ar bith is í paidir na Gaeilge is éigean dóibh a mhúscailt. Ní féidir an teanga d'fheacadh as a dúchas. Ní féidir aon phaidir eile do theacht as teampall na Gaeilge ach a paidir féin. (lch 25)

Ní hionann seo agus a mhaíomh gurb earra liteartha ar fónamh 'rúibric fhilíoch an Bhéarla faoi fheisteas na Gaeilge' mar a thug Tomás Mac Síomóin air in agallamh in *Innti 5*. Má shíntear na teorainneacha traidisiúnta mar chuid de phróiseas an nua-aoisithe, má chuirtear braistintí nua le dioscúrsa, le cruinne shiombalach, le *mentalité* na Gaeilge, is ionann sin agus malairt bhisigh, domhan na Gaeilge in allagar forásach leis an saol mór amuigh. Ní ciorrú coil na cúl le dúchas ar bith é. Drochfhilíocht í drochfhilíocht agus drochfhilíocht í droch*phoetry* freisin!

D'fhógair oifigeach caidrimh phoiblí *Innti*, Michael Davitt, an méid sin go dúshlánach agus é ar a bhealach ar ais go dtí an domhan iarbhír tar éis deireadh seachtaine draíochtúil 'Ar an gCeathrú Rua':

> Mhiosáil mo chroí bít ar an gCaorán Mór
> éalaíonn Muimhneach ó
> ghramadach.
> (*Gleann ar Ghleann*, lch 39)

Treallchogaíocht friotail, foirme agus féithe atá ansin a cheistíos gaois chruinnithe na sean ón gceantar istigh seachas ón alltar amuigh. Easaontú umhal fíréin atá ann, uisce in aonturas faoi thalamh na seanbhó beannaithe a chuaigh thar abhainn slán go nuige sin d'fhonn bunús tuiscintí an domhain sin a cheistiú ó bhonn. Treascraíonn a leithéid an traidisiún agus tógann sé in athuair air, agus san am céanna fágann sé biseach beag air ina dhiaidh más filíocht ar fónamh atá inti. Athscríobhann ráiteas mar sin gramadach na filíochta agus na teanga araon, ach go gcaithfidh an tseanghramadach dhíochlaontúil rómhánach a bheith sealbhaithe sa chéad áit mar bhonn teilgthe, mar thalamh báin na réabhlóide. Ar an gcuma seo, níor dheoranta leis an nglúin seo popchultúr ná cultúr coiteann a linne ar fud an domhain ina rann, ó liricí na Beat Poets i Meiriceá agus na Beatles i Sasana go dtí tuairimí agus idé-eolaíocht an Maharishi san Ind nó Mao Tse Tung gona leabhar beag dearg sa tSín. Ba iad clann Marshall MacLuhan iad sa sráidbhaile nua domhanda, glúin ar chás leo mórcheisteanna na cruinne agus na linne: cearta, saoirse phearsanta agus uathúlacht shainiúil an duine aonair; blaisféime Hiroshima agus an cheist núicléach; cathrú agus tionsclú buile na linne; díothú ciníocha dúchais; cos ar bholg ar an duine beag sa bhaile nó i gcéin – agus féach gur filí a bhí chun cinn san fheachtas in aghaidh dhúnadh Scoil Dhún Chaoin i dtús na seachtóidí. Is fada ó bhaile a thaistil a mbunáite ón ngleann inar tógadh iad.

Ní feiniméan Corcaíoch amháin a bhí i saothar na glúine seo ris a ráitear *Innti*, áfach, ainneoin gur tháinig ann don athghlúin sa chathair chéanna le saothar cumasach ó Louis de Paor agus Colm Breathnach. Foilsíodh saothar le cuid mhaith filí óga as áiteanna éagsúla a bhí ag teacht in inmhe ag an am in *Innti* freisin, agus in irisí eile ar nós *Comhar, Feasta, An tUltach* agus *Nua-Aois*, agus chuir a mbunáite cnuasaigh shuntasacha ar fáil ina dhiaidh sin: Tomás Mac Síomóin, Cathal Ó Searcaigh, Conleth Ellis, Seán Ó Curraoin, Micheál Ó Cuaig, le cuid an bheagáin a lua. Ní hé scéal na bhfear amháin a ríomhadh ag an am ach an oiread. Aithnítear Nuala Ní Dhomhnaill go coitianta mar dhuine d'fhilí *Innti*, ach tháinig guthanna suntasacha baineanna eile chun cinn taca an ama chéanna: Biddy Jenkinson, Máire Áine Nic Gearailt, Caitlín Maude, Áine Ní Ghlinn. Go deimhin féin, is beag file sa duanaire seo a bhí suas le linn *Innti* nár fhoilsigh saothar san iris. Ar an ábhar sin, is mó de ghluaiseacht náisiúnta liteartha ná d'iris áitiúil filíochta a bhí inti. Ceist achrannach a eascraíos as seo ar fad, áfach, ná ceist na hathghlúine. Labhraítear ar fhilí *Innti* amhail is dá mbeidís i mbláth na hóige i gcónaí. Is í fírinne an scéil go bhfuil a mbunáite ag teannadh amach sna blianta. Tá a shliocht sin ar an duanaire seo nach bhfuil ann ach saothar le triúr filí atá faoi bhun an dá scór, agus beirt acu sin féin i bhfoisceacht bliana de mheán sin na haoise! Fadhb phráinneach an méid sin do thodhchaí na filíochta agus muid ar éigean thar thairseach céad agus mílaoise nua.

Maidir lena bhfuil de dhánta agus d'fhilí sa duanaire seo, agus i gcomhthéacs a bhfuil ráite agam go nuige seo, creidim go bhfuil sé de dhualgas ar eagarthóir a fhreagra sainiúil pearsanta féin ar an tseancheist, 'Céard is filíocht ann?', a thabhairt mar ghluais lena shaothar. Is minic in imeacht deich mbliana fichead teagaisc in ollscoileanna a chuir mé féin an cheist chéanna ar mhic léinn bhochta ag tús chúrsa filíochta. Is é an freagra céanna, mórán, a fhaighim i gcónaí uathu: meafair, meadaracht, uaim agus comhuaim, íomhánna, véarsaí, mothúcháin, smaointe pearsanta an fhile, filíocht mar mhalairt inmhianta ar phrós – fearas seachtrach uilig na filíochta mar atá sé ag *Folen's* nó *Cole's Notes*, ag an gCló Ceilteach nó ag múinteoir cumasach meánscoile a n-éiríonn lena rang slám maith grádanna A a bhaint amach san Ardteist chuile bhliain. Is beag scoláire riamh a d'admhaigh gur léigh sé/sí filíocht go rialta. Go deimhin, is minicí leathanaigh spóirt an *Star* nó leathanaigh lóistín an *Galway Advertiser* mar lón léitheoireachta acu ná cúrsaí litríochta i gcoitinne, gan trácht ar chúrsaí filíochta. B'fhéidir nach modh iontach eolaíochtúil a leithéid le teacht ar líon fírinneach na léitheoirí filíochta sa tír seo ach tá fírinní taithí ann atá níos bunúsaí ná modheolaíocht ar bith!

Aisteach go leor, is iomaí duine a d'admhaigh in imeacht na mblianta gur chumadar dán ó thráth go chéile i mBéarla nó i nGaeilge. Cuid acu ar ordú ó mhúinteoirí aislingeacha ar shuim leo an fhilíocht a spreagadh; cuid acu ó mhúinteoirí díograiseacha ar mhian leo scoláirí a ghríosadh le cur isteach ar chomórtais liteartha mar Oireachtas na Gaeilge, Slógadh nó éigsí áitiúla. Bhí an corréan (nó an t-éan corr) féin ann freisin a chum píosa filíochta de bhrí gur bhrúcht rud éigin aníos as íochtar a dhuineatachta féin ar ala aon uaire amháin. Más beag féin den líon aduain sin a tholg an galar, a lean an cheird i gceachtar den dá theanga dhúchais atá againn, sílim gurb iad is gaire a dhrann le tobar na fíorfhilíochta.

Maidir liom féin, tháinig mé ar an bhfilíocht i gcéaduair i ngan fhios dom féin in aois mo hocht nó naoi de bhlianta.

> Anois teacht an earraigh, beidh an lá ag dul chun síneadh,
> Is tar éis na Féile Bríde ardóidh mé mo sheol;
> Ó chuir mé i mo cheann é ní stopfaidh mé choíche
> Go seasfaidh mé thíos i lár Chontae Mhuigheo.
> I gClár Chlainne Mhuiris a bheas mé an chéad oíche,
> Is i mBalla taobh thíos de a thosós mé ag ól;
> Go Coillte Mach rachad, go ndéanfad cuairt mhíosa ann,
> I bhfoisceacht dhá mhíle de Bhéal an Átha Mhóir.

B'as an gCeathrú Bheag, Lochán na mBan, trí mhíle ó thuaidh de Chlár Chlainne Mhuiris, mo mháthair, Síle Nic Aogáin. Théadh muid siar go minic ann mar chlann, go mórmhór faoi Cháisc agus sa samhradh, i sean-*Box Ford*, cláruimhir ZE 109, agus ar ndóigh, tharla gasúir ar bord, bhíodh an bóthar le giorrú le scéalta agus le hamhráin. Má bhí sí ar bheagán Gaeilge í féin, agus murar thug sí dom ach an cheathrú sin thuas den iomlán, thaitníodh Cill Liadáin chomh mór sin le mo mháthair mar phíosa ceapadóireachta a fuineadh as a domhan féin agus as domhan a muintire siar – bhí a sin-seanathair beo sa dúiche

chéanna in aimsir Raiftearaí – gur chuir sí d'fhainic orm féin
agus ar an gcuid eile den ál gan an t-amhrán a ligean i
ndearmad go deo. Ní mé faoin gcuid eile, ach níor léar dom
féin ó Dhia anuas ag an am céard a bhí i gceist aici. Féach mar
sin féin go ndearna mé rud uirthi ina dhiaidh sin is uile.

Bhí sé d'ádh orm sa bhunscoil agus sa mheánscoil go raibh
múinteoirí maithe Gaeilge riamh agam ar spéis leo an teanga
agus an cultúr dúchais i gcoitinne, ach ina dhiaidh sin féin níor
rud beo an fhilíocht den chuid ba mhó bíodh is gur fhan dánta
mar 'Cúl an Tí', 'Anseo i Lár an Ghleanna' agus 'An Tincéir
Meidhreach Aerach, Sás Ó Néill' greanta ar m'intinn ó laethanta
na bunscoile. Má múineadh go maith féin í de réir thuiscintí na
gcaogaidí agus na seascaidí, agus sin faoi scáil uileghabhálach na
scrúduithe stáit gona gcanóin thraidisiúnaíoch, ba rud seanda,
seanchaite, iardhearcach a bhí inti nár bhain dáiríre lenár saol
mar dhéagóirí cathrach. As ucht Dé ort, nach raibh chuile mhac
máthar de na filí básaithe leis na cianta agus, fiú is go mb'éigean
dúinn chuile líne den chúrsa filíochta a fhoghlaim de
ghlanmheabhair, ba mhó i bhfad an fuadar a bhíodh fúinn ag
tabhairt chluaise do liricí The Rolling Stones, The Beatles, The
Animals, The Kinks, The Beach Boys agus a leithéidí. Agus ní
raibh stró ar bith orainn iad sin a thabhairt linn gan amharc ar
bith ar leathar ná ar mhaide cam múinteora crochta os ár
gcionn.

Ba mar scoláire óg sa dara bliain i Roinn na Gaeilge, Coláiste
na hOllscoile, Baile Átha Cliath, faoi stiúir mhealltach chineálta
Eoghain Uí Anluain i mbliain chinniúnach fhileata sin 1970 a
osclaíodh domhan draíochtúil na filíochta i gceart domsa. Sraith
léachtaí ar shaothar Uí Ríordáin leis an Anluaineach maille le
saothar critice Sheáin Uí Thuama agus Bhreandáin Uí
Dhoibhlin a chuir ar mo shúile dom go raibh saothar
cruthaitheach, idir fhilíocht agus phrós, á chur ar fáil sa
Ghaeilge a bhí ionchurtha le rud ar bith a bhí mé a léamh san
am i mBéarla nó i bhFraincis. Ní raibh rith an ráis ar fad leis an
nuáil i gcúrsaí léinn agus litríochta ag an am, áfach, agus bhí

scoláirí eile ann dár dteagasc a d'áitíodh go láidir nach traidisiún intleachtúil a bhí san *integral Irish tradition* agus nach dual do dhioscúrsa na Gaeilge modhanna smaointeoireachta agus iniúchta na critice liteartha mar a tuigtear coitianta ar fud na cruinne anois í. Castar tuairimíocht den chineál seo do dhuine i gcónaí sa túr éabhair, ach ábhar iontais a leithéid a bheith i mbéal file agus fear critice mar Ghréagóir Ó Dúill ina dhuanaire breá cuimsitheach, *Fearann Pinn*:

> Tá teanga na Gaeilge fréamhaithe sa talamh agus tugann sé sin neart áirithe di, ach fágann sé, fosta, nach furasta ag an fhile scríobh go teibí, ná ag an léitheoir an teibíocht a léamh. (Réamhrá, lch xxii)

Ní mé ar mheabhraigh aon duine an laincis, an *ne temere* sin do Dháibhí Ó Bruadair, do Sheathrún Céitinn, d'Aodh Mac Aingil, do Mhánus Ó Domhnaill ná d'aon duine d'aos intleachta, éigse agus léinn na Gaeilge riamh anall.

Bhí sé píosa maith i ndiaidh na mblianta coláiste úd go raibh mé in ann fráma tagartha smaointeoireachta de mo chuid féin a bhualadh ar an tuiscint instinneach sin, mar atá, gurb é a sainallagar intinne agus mothaitheach féin le saol na freacnairce trí mheán an fhocail a bhíos ar bun i litríocht chomhaimseartha na Gaeilge (fearacht chuile litríocht eile); go bhfuil cuid bhunúsach d'údarás agus de dhlisteanacht an allagair sin fréamhaithe i leanúnachas chointeanóid na teanga féin; agus, le forás nualitríocht na Gaeilge mar a thuigimid ó thús an fichiú haois í, go suitear í san am céanna i ndioscúrsa bhunáite litríocht agus fhealsúnacht Iarthar Domhain ó aimsir an *Renaissance* i leith tráth ar tháinig an duine aonair chun cinn mar lárphointe na cruinne mar mhalairt ar dhioscúrsa chruinneshamhail thraidisiúnta na Gaeilge a chuireadh an pobal i lár cuilithe.

Soilsíonn dán maith, rann maith, líne nó nath nó meafar maith, dar liom, cúinne dorcha a bhí thar m'eolas agus m'aithne sular casadh dom sa tslí é; nó sin tugann sé chun solais fírinne éigin a bhí i suan toirchis is tualangachta istigh ionam; nó sin arís tugann sé chun athléargais dom faoi chló eile fírinne a shíl mé ba léar dom cheana. Lasann dán maith tine ghealáin a mhaireann i bhfad tar éis ghníomh na léitheoireachta agus beireann sé ar fhírinne bhunúsach dhaonna ar bhealach diamhair a théann thar m'eolas, thar chumas dioscúrsúil anailíseach teanga. Mar a scríobh Eoghan Ó Tuairisc in eagarfhocal *Rogha an Fhile*:

> Preabann an focal is coitianta chun brí agus chun bíogúlachta faoi theannas na healaíne is foirfe dá bhfuil ag an duine, ealaín an fhriotail. (lch 8)

Is leor aon éinín amháin ar an gcraobh, nó sa sceach féin, leis an mbíogúlacht sin a bhaint amach arae, mar a scríobh Colm Breathnach in 'Ar Chúl do Thí':

> Sceach is ea gach dán
> ina bhfuil éan amháin
> faoi cheilt
> ag cantaireacht.
> (*Cantaic an Bhalbháin*, lch 10)

Geiteann dán maith an léitheoir chun léargais lena fhírinne agus lena aduaine araon, más ceadmhach bradaíl a dhéanamh ar théarma Uí Ríordáin i réamhrá *Eireaball Spideoige*. Ar uaire is é an focalphictiúr aonair i lár dáin a adhnas an splanc, fearacht an phictiúir seo thíos de phobal beag scoite a chruthaigh Michael Hartnett ina dhán 'An Séipéal faoin Tuath'. Meascán den sean agus den nua, den suthain agus den duthain, atá ann a chuimsíos gné amháin de scéal an phobail sin in aon radharc siombalach amháin:

> Is is capall uaigneach an pobal so
> ag dul amú san fhichiú haois
> chomh tuathalach le fear
> ag rince le bean rialta
> ag bainis.
> (*Éigse an Aeir*, lch 122)

Uaireanta eile is é an meafar fuinte, dánfhada a fhitear go ceardúil trí reacaireacht iomlán dáin a lasas an splanc, tréith shuntasach d'fhilíocht Mháirtín Uí Dhireáin, Liam Uí Mhuirthile agus Mhichíl Uí Chuaig mar a feictear sa duanaire seo, mar shampla. Nó sin in amanna eile, is é roiseadh mothaitheach an dáin a scuabas leis an léitheoir, mar a tharlaíos i gcás dhánta Nuala Ní Dhomhnaill, Áine Ní Ghlinn agus Phádraig Uí Mhiléadha anseo thíos.

Ní prós ná insint phrósúil atá i ndán ach bealach sceabhach, indíreach leis an saol iarbhír a chur de leataobh d'fhonn réalachas níos doimhne, níos glinne a thabhairt chun suntais agus cruinnis. Go deimhin féin, is é príomhlocht a gheobhainn féin ar chuid mhaith d'fhilíocht na Gaeilge le 100 bliain anuas go bhfuil sí róphrósúil, go mbíonn 'an fhírinne rólom ar an oileán', nach n-aimsíonn sí aon pheirspeictíocht ar leith seachas reacaireacht nó insint dhíreach ar leibhéal simplí na scéalaíochta. Níor chuir M. F. Ó Conchúir fiacail ann ina dhán 'Sráidéigse':

> Tá prós á scríobh go tiubh
> Mar dhea gur filíocht,
> Á reic os comhair an phobail,
> Á moladh ag lucht léinn . . .
> Fuath liom éigse phróis
> I ngiobal rannaíochta
> Gan tada idir cluasa an dáin.
> (*Cuisne Fómhair*, lch 11)

Is eagal liom go bhféadfaí riar nach beag de nuafhilíocht na Gaeilge a bhaint as a foirm líneach ar an leathanach agus a athscríobh go leanúnach i bhfoirm phróis, agus dúshlán file ar bith an díchonstráil phrósúil sin a chur ar ais ina cuma cheart 'fhileata'! Ní hamháin sin, ach déantar róshaothrú ar an líne ríghearr, fiú aonfhoclach, mar dhóigh de go bhfuil macallaí diamhra, cruthaitheacha, ardintinneacha á mbaint as ciúnas na spásanna bána ar an leathanach – ciúta liteartha nach bhfuil ar fáil don fhilíocht bhéil, ar ndóigh. Agus maidir le dánta faoi dhánta agus faoi cheapadh na filíochta féin, níl ansin ach teálta deiridh na heaspa ionsparáide i gcuid mhaith cásanna, ainneoin gur éirigh le Seán Ó Ríordáin in 'Fill Arís' agus le Tomás Mac Síomóin in 'Níl in Aon Fhear ach a Fhocal' thíos, agus le corrfhile eile mar Nuala Ní Dhomhnaill, ráiteas suntasach ealaíne a fhuint as fadhb na hurlabhra mar aonuirlis neamhfhoirfe, theoranta sireoireachta an daonnaí ina thóir ar bhrí éigin i gcruinne eascairdiúil, naimhdeach, bhagrach.

Ba cheart ar deireadh thiar gur mhó iomlán dáin ná suim na bhfocal, na meafar agus na ndeismireachtaí liteartha a mbaintear gaisneas astu ina chruthú. Ba cheart go ndúiseodh sé macallaí, ceisteanna, dúshláin agus fiú iomraill éagsúla aigne agus anama a mheallfadh ar ais an léitheoir. Dá réir seo, is mó ná cuntas fíriciúil ar eagla mná oíche stoirme 'An Stoirm' le Seán Ó Ríordáin, agus féach gur mó ná an stoirm eile chéanna sin meafar leanúnach fhuadar na stoirme ceoil in 'An Ceoltóir Jazz' Uí Mhuirthile. Ar an gcuma chéanna, tá i bhfad níos mó in 'Raiftearaí agus an File' le Johnny Chóil Mhaidhc Ó Coisdealbha ná agallamh simplí agus cuma na seanaimsearthachta air idir file Gaeltachta agus file dall an naoú haois déag. Ainneoin 'na milliúnaí cnámh sa reilig sin thall' sa dán, éiríonn an duine, agus trína bhíthin sin an pobal dar de é, os cionn an bháis le ceiliúradh dóchasach a dhéanamh ar a mhaireann beo mar mhalairt ar chomóradh maoithneach ar sheansaol atá ar throigh gan tuairisc. Dúisíonn dán Ghearóid Mhic Lochlainn, 'Brionglóid Dheireanach Chrazyhorse', na mianta aislingeacha céanna sin ag an duine atá faoi chois, mianta i ndeireadh na feide a sháraíos laincisí an tsaoil dhuthain agus a chuidíos leis an duine teacht slán i ríocht an spioraid.

Ní foláir freisin do léitheoir cruthaitheach talamh slán a dhéanamh i gcónaí de 'chumas teanga' an fhile ar leibhéal bunúsach, más simplí féin, na difríochta idir *is* agus *tá* – sochar amhrais nach dtuilleann chuile dhuine a ghlaofadh file Gaeilge air féin i gcaitheamh thréimhse an duanaire seo, ní foláir a dheimhniú, faraor. Filíocht Ghaorla a bhaist duine aitheantais de mo chuid féin ar fhilíocht nach bhfuil inti ach craiceann Gaeilge ar cholainn Bhéarla. É sin ráite, tá níos mó i gceist le filíocht, ar ndóigh, ná cumas teanga. Ní raibh aon amhras riamh faoi chumas teanga cuid mhaith d'fhilí Ré na hAthbheochana, go mórmhór iad siúd a raibh an Ghaeilge féin ó dhúchas acu nó sin a raibh saothrú scolártha déanta acu ar an teanga, ach mar a sonraíodh cheana, bhí bunáite a gcuid ceapadóireachta ar easpa iomlán samhlaíochta agus cruthaitheachta dá fheabhas dá raibh cuid di mar aithris ar fhilíocht thraidisiúnta na Gaeilge. Is mó ná aithris shimplíoch ar chanóin an traidisiúin san am a caitheadh an dea-fhilíocht.

Fuintear dán ealaíonta i bhfriotal a eascraíos as féidearthachtaí na teanga atá an file a scríobh. Mar a dúirt Pearse Hutchinson in agallamh in *Innti 11*:

> Má mhothaíonn an léitheoir nó an t-éisteoir go bhfuil fíorchaidreamh idir an file agus an teanga, go bhfuil an file agus an teanga ag caint le chéile agus ag freagairt dá chéile, ag damhsa le chéile, nó ag troid le chéile fiú, ag troid mar a bheadh cairde leapan, má mhothaíonn tú an gheit sin, tá sé Gaelach. Ní chreidim gur féidir aon rud eile a iarraidh ar an bhfile. Mar sin, molaim an éagsúlacht. Má mhothaíonn tú go bhfuil an file ag caint leis an dteanga, leis féin, agus go neamh-chomhfhiosach le pobal na Gaeilge, ní amháin le pobal beo na Gaeilge ach leis na sluaite a d'imigh romhainn a mhúnlaigh an Ghaeilge agus gur *beo* don teangbháil sin, is leor san. (lch 64)

Tá toise láidir spioradálta, nó reiligiúnda i gciall Uí Thuairisc den fhocal ina aiste iomráiteach, 'Religio Poetae', ag roinnt le saothrú seo na filíochta:

> Trí mheán a ealaíne, gan treoir ach treoir a cheardaíochta féin, tagann an *Poeta* ar bhunbhrí na cruinne: go bhfuil an dá shaol ann, an dá ghné den réalachas, agus tagann sé i dtuiscint gurb í is bunbhrí dá ealaín ná an dá shaol sin a léiriú agus iad fite ina chéile sa scéal céanna, sa rann céanna, san fhocal céanna fiú, agus an sean-nasc eatarthu ar a dtugtar an *religio* a aimsiú agus a chur i gcéill don phobal. An té a thuigeann an méid sin, tuigeann sé

gur gairm bheatha í an Fhilíocht, cosúil leis an ghairm chun na Sagartóireachta, nó gairm an Mhúinteora, nó gairm an tSaighdiúra, nó gairm ar bith eile sa Chathair Pholaitiúil seo againn ar an saol. (*Religio Poetae agus Aistí Eile*, lch 15)

Tagraíonn file i ndiaidh file do Chreideamh seo an Fhocail mar mheán sireoireachta, tóraíochta, agus féinaimsithe. 'Cloch mhíle . . . ar gá don fhile í a scoitheadh, a dhul thairsti, agus é sa tóir ar a bhunús féin,' atá i ngach dán dar le Tomás Mac Síomóin in agallamh in *Innti 5* (lch 26) agus dearbhaíonn sé arís is arís ina shaothar nach bhfuil ag an duine ach an focal mar mheán tóraíochta d'fhonn teacht slán as an duibheagán. Mar a scríobh sé in 'Níl in Aon Fhear ach a Fhocal' thíos:

Ach má taoi ag déanamh cré sa chill,
A Chriomhthannaigh an oileáin,
Gad do ghinealaigh fós níor bhris
Ó chuiris cor id dhán,

Ó d'íocais deachú an fhocail led nós,
Ó bhreacais caint do dhaoine ar phár,
Strapann do nae fós fál na toinne
Idir Muir na mBeo is Muir na Scál.

Teampall nó tearmann i saol luaineach atá sa dán dar le Biddy Jenkinson, áit a dtig leis an duine éidreorach a theacht i dtír tar éis stoirm farraige, mar a léiríos sí ina dán 'An Dubhfhoinse':

mar tá dán le fáil sa raic seo
i dtruscar mothúchán,
is níl samhailt níos fearr don fhilíocht agam
ná póirseáil trá.
(*Dán na hUidhre*, lch 14)

Dearbhaíonn Colm Breathnach ina dhán 'Tost' nach bhfuil againn 'ar deireadh ach focail le raideadh leis an duibheagán' (*Scáthach*, lch 65) más linn ciúnas síoraí na cruinne gan teorainn a chloí, tuairim a dtáinig Nuala Ní Dhomhnaill léi nuair a dúirt

sí ag Léachtaí Cholm Cille i 1985 gur bealach í an fhilíocht le
briseadh amach as 'fásach fuar inmheánach' ár linne:

> Líontán éigin cosanta is ea iad [na dánta] a chaithim amach
> romham chun gur fearrde mo léim caorach sa duibheagán, an
> léim sin nach foláir i scríobh gach dáin chun gur filíocht a bheadh
> inti seachas prós. . . Labhrann an fhilíocht amach as íochtar ár
> mboilg faoi mar a bheadh sí ag teacht as réigiún eile ar fad agus
> ar ndóigh tagann, mar bí siúráilte de gur ón saol eile a labhrann
> an fhilíocht linn. (lgh 147-8)

Ní mé, go deimhin, nach cuid mhór d'fheidhm na filíochta
riamh anall an léim seo sa dorchadas, an míniú ar staid na
cruinne mar atá, nó mar a shamhlaíos an file ba cheart í a
bheith, á chur faoi chuing an fhocail ag an té a raibh údarás na
ceirde ar chúl a ráitis. Sin é a rinne Muireadhach Albanach Ó
Dálaigh, Dáibhí Ó Bruadair, Aogán Ó Rathaille agus Antaine
Raiftearaí lena linn féin agus i dtéarmaí a bhain le feidhm a
gceirde. Mar seo a chuir Raiftearaí é agus é ag cur críoch le dán
in ómós don Athair Liam Ó Dúshláine:

> Maoin agus stór, airgead is ór,
> níl iontu ach ceo i measc daoine,
> is gur file gan treoir nár chruinnigh pínn fós
> a thug daoibhse an chomhairle chríonna.
> (*Raiftearaí: Amhráin agus Dánta*, lch 56)

Más mó de ghné na cuartaíochta, na póirseála, na ceiste atá i
bhfilíocht an fichiú haois, ag sin freagairt na ceirde dúchais
athuair do riachtanais agus d'éigeantais na freacnairce. *Imbas
forasna*, fios a shoilsíos, an bua a bhí riamh ag an bhfile Gaeilge,
más fíor, agus má d'athraigh léargas agus tuiscint na
n-aoiseanna ar a mhianach ní fhágann sin nach ann i gcónaí dó
mar aidhm na filíochta.

Tá cuid de na dánta sa duanaire seo reitriciúil, áititheach agus
iad á reic sa ghuth pobail sin atá ar cheann de phríomh-
shaintréithe thraidisiún na Gaeilge riamh anall, dar liom. Mar a

sonraíodh cheana, tá fréamhacha *Trí Glúine Gael* Uí Mhiléadha
le rianú siar go dtí filíocht an ochtú haois déag. Den mhianach
reitriciúil céanna 'Óchón! A Dhonnchadha' Phádraig Uí
Éigeartaigh, 'Caoineadh do Mhícheál Breathnach' Phádraig
Uí Dhuinnín, 'An Gráinneach Mór' Joe Shéamais Sheáin,
rídhán Eoghain Uí Thuairisc 'Aifreann na Marbh', an dán is
ardaidhmeannaí sa Nua-Ghaeilge dar le hEoghan Ó hAnluain,
agus 'Ó Mórna' Uí Dhireáin, ceann de na dánta is ansa liom
féin ar fad ar a cheardúlacht agus ar a léargas garbh lom ar
uabhar, ar uaigneas agus ar phaisean buile an duine. Ainneoin
a éagsúla agus atá na dánta sin lena chéile ó thaobh ábhair,
ríomhann siad scéal soiléir cinnte i nguth láidir údarásach nach
gceadódh an dara hinseacht ar a scéal, díreach mar a dhéanadh
Ó Bruadair, Ó Rathaille nó Raiftearaí.

Mar atá áitithe go minic ag an eagarthóir seo in imeacht na
mblianta, gné bhunúsach an leanúnachas dioscúrsa i gcuid
mhaith de scothfhilíocht na haoise ó chéadiarrachtaí stadacha
lucht na hAthbheochana anuas. Saothraíonn an Ríordánach go
comhfhiosach mar choincheap bunúsach ina shaothar ar fad é,
geall leis (féach, mar shampla, 'Fill Arís' thíos), agus tá sé ar chúl
gach ar scríobh an Direánach agus Mac an tSaoi, dá mhéid na
difríochtaí idir a saothar araon (féach 'Ceathrúintí Mháire Ní
Ógáin', agus 'Ó Mórna', mar shampla). Má chaith filí ghlúin
Innti uathu laincisí an Ghaelachais róshaothraithe, b'ionann
neamhaird a dhéanamh den ghné seo de shaothar filí mar
Nuala Ní Dhomhnaill, Biddy Jenkinson, Colm Breathnach,
Conleth Ellis, Michael Hartnett agus go fiú filí so-aitheanta
'cathrach' mar Davitt agus Ó Muirthile, agus míléamh iomlán a
dhéanamh ar a saothar. Mar a dhearbhaigh Biddy Jenkinson go
dúshlánach i léacht neamhfhoilsithe faoi thodhchaí na filíochta
in Ollscoil na hÉireann, Gaillimh, i 1999 agus í ag amharc thar
thairseach na mílaoise nua:

> Déanaimse, im scríbhneoir laistigh den traidisiún Gaelach,
> talamh slán de go bhfuil a fhios agam cé hí [an Bhé], gurb í an

prionsabal cruthaitheach í, gurb í an ollmháthair í, gurb í an
Mhór-Ríon í, gurb í flaithiúnas na hÉireann i riocht mná í, gurb
í spiorad na héigse í . . .

Iad siúd a chuir bonn úr faoi nuafhilíocht na Gaeilge céad
bliain ó shin, braithim gur dílseacht don Bhé ina cáilíocht
Ghaelach a spreag iad, Éire, Banba, Fódla. Bhí tuiscint éigin sna
putóga acu gur bhaineadar le traidisiún áirithe, gur laistigh den
traidisiún sin ba chóir freastal, go mbíodh an dán le clos i
gCruachan agus in Eamhain Macha agus os comhair Ollamh
Fódla an uair go mbíodh sé á reic i gcúlsheomra in Áth Cliath,
b'fhéidir, agus triúr sa lucht éisteachta.

Tá an bhé dhúchasach seo faoi ionsaí le tamall. Ba mhaith
liom, mar athbhuille, a hainm a lua agus muid ag dul i dtreo na
mílaoise. Nílim deimhin gurb ann di faoi aon chrot ar leith a
luaigh mé léi ach oiread is a dhéanfainn deimhin de gurb ann do
Dhia faoi aon chló ar bith gur féidir linn a aithint. Tá a fhios
agam, ámh, gurb é an peaca in aghaidh spiorad naofa na filíochta
ná a mhaíomh nach ann di. Le gur féidir leat bheith i
d'agnóiseach caithfidh tú dhá cheann na meá a chosaint.
Seasaim, mar sin, ar thaobh na Mór-Ríona agus í faoi ionsaí.

Tá buíon filí a bhfuil saothar leo sa duanaire seo, áfach, nach
bhfuil aon chall dóibh dearbhú chomh féin-chomhfhiosach,
inbhreithnitheach a dhéanamh maidir lena gceird, mar atá, na
filí pobail, Johnny Chóil Mhaidhc Ó Coisdealbha, Joe Steve Ó
Neachtain, Joe Shéamais Sheáin Ó Donnchadha agus Learaí
Phádraic Learaí Ó Fínneadha. Tarraingíonn siad seo ina
saothar ar mhodhanna reacaireachta agus braistinte agus ar
shamhailchruinne ar féidir a bhfréamhacha a rianú siar gan
bhearna trí thraidisiún na Gaeilge, agus níl aon amhras faoi, dá
réir sin, ach go bhfuil a ndéantús go hiomlán taobh istigh de
dhioscúrsa na Gaeilge. Tá buíon eile filí de bhunadh Gaeltachta
sa duanaire seo chomh maith, Micheál Ó Cuaig, Jackie Mac
Donnacha, Caitlín Maude, Máire Áine Nic Gearailt, Seán Ó
Curraoin, Seán Ó Lúing agus go pointe Cathal Ó Searcaigh, ar
nuafhilíocht i gciall chruinn an fhocail a chumas siad ach go
bhfuil orlaí láidre dá ndúchas Gaeltachta fite go healaíonta trí
fhoirm agus ábhar a saothair. Más fear de chuid a aimsire féin

é príomhcharachtar shraithdhán cumasach Uí Churraoin, *Beairtle*, mar shampla ionadaíoch de shaothar na buíne seo, tá idir shean agus nua ina dhearcadh ar an saol a reictear i 'nglór údarásach ó gharrantaí beaga Bhearna' an tseansaoil. Is cinnte freisin go ndéanfadh Peaidí na gCearc ó Chlochar a chomórtar i ndán Uí Lúing, 'Uaigneas Comórtha', anamchara nó leathbhádóir d'fhear na Maoilíní.

Saibhríonn na macallaí inmheánacha seo as an traidisiún as ar fuineadh an fhilíocht Ghaeilge déantús na bhfilí seo ar fad ar bhealach sainiúil ar leith a bhaineas lena gceird dúchais féin amháin. Fréamhaíonn siad na filí go domhain i gcointeanóid dhioscúrsa na Gaeilge in imeacht na staire agus tá an ghné seo ar cheann de na sainfhreagraí comónta a feictear i bhfilíocht na haoise ar stoiteacht agus ar choimhthíos na cruinne ina mairimid. Tá guth dlisteanach thraidisiún agus dhioscúrsa na Gaeilge ina shnáithe aontachta i saothar na bhfilí seo, guth sainiúil Gaeilge ar urlár a linne féin. Fianaise chruthaitheach ar an gcoinníoll dhaonna ina gné Ghaelach chomhaimseartha a saothar a fuintear go comhfhiosach as a ndúchas agus a n-oiliúint araon. Ag seo freisin, b'fhéidir, an ghné is sainiúla den fhilíocht seo, an ghné a sháraíos aistriúchán sásúil iomlán ar deireadh thiar chuig an dara teanga, arae cailltear an dúchas sainiúil, agus dá réir sin an fhilíocht féin, san aistriúchán. Ní ráiteas idé-eolaíoch é sin faoi cheist fhlaitheas síc-chultúrtha agus soch-chultúrtha an Bhéarla i gcás na Gaeilge bíodh is gur léar don dall gur féidir é a thuiscint mar sin ag brath ar sheasamh idé-eolaíoch an té a bheadh ag éisteacht – agus féach gur duanaire aonteangach é seo chomh maith!

Gné eile den leanúnachas dioscúrsa seo a fhréamhaíos an duine go láidir ina dhúiche agus ina thraidisiún sainiúil féin, agus a saothraítear go leanúnach i bhfilíocht an fichiú haois, is ea coincheap an dinnseanchais. 'Músclaíonn na Maoilíní na paisiúin i mBeairtle,' mar a léirigh Seán Ó Curraoin. Téama lárnach i saothar mórchuid filí an dáimh bhunúsach shíceach seo idir an duine agus a thimpeallacht fhisiciúil, mar is léar ó

Beairtle agus ó shaothar filí mar Mháirtín Ó Direáin, Seán Ó Ríordáin, Nuala Ní Dhomhnaill, Cathal Ó Searcaigh, agus Micheál Ó Cuaig le cuid an bheagáin a lua. Déantar ceiliúradh spleodrach, neamhchairtéiseach go rialta ar na háiteanna naofa sin a chothaíos beatha inmheánach an duine agus a dhearbhaíos dó gurb ann do na tamhnaigh bhláthmhara i bhfásach aimrid shaol na linne seo. Ar an gcuma seo sa dán 'Carraig Aifrinn' thíos, faigheann Liam Ó Muirthile cuireadh ó gheata adhmaid cois trá i Muínis agus téann sé thar an tairseach idirshaoil sin ó dhomhan an driopáis is an fhorrú laethúil go dtí domhan níos liriciúla, níos ciúine, níos duineata. Ar an gcaoi chéanna, suitear faitíos, alltacht, iontas, cion agus gráin an ghasúir bhig ar a chuairt chuig teach a sheantuismitheoirí agus a phrintíseacht bheag i mbealaí na beatha agus an bháis á cur de aige, go sonrach i seanteach na muintire in 'Inbhear' Mhichíl Uí Chuaig. Agus ní i saol tuaithe an chomhthionóil fhuinniúil fhuinte amháin a thagas an duine ar na splancanna eipifeáineacha seo. Ainneoin tuairim léirmheastóirí áirithe nach dtig leis an nGaeilge déileáil 'go réalaíoch' le saol na cathrach, d'fhéadfaí aiste fhada dhinnseanchasúil a scríobh faoin rúibric 'An File agus an Chathair'. Fiú *Beairtle* Uí Churraoin, rinne fear cathrach seal de, agus léiríonn dánta cumasacha mar 'An Ghrian i Rath Maonais' le Michael Davitt, 'Ár nÁit' agus 'Whacker' le Liam Hodder, agus 'An Cúrsa Buan' le Liam Ó Muirthile sa duanaire seo, gurb ann do na *lieux sacrés* i gcomhthéacs cathrach, agus go dtabhaíonn siad a gceiliúradh freisin.

An méid sin ráite, áfach, éigean ar nuafhilíocht na Gaeilge a bheadh ann a dhearbhú nach bhfuil inti ach leanúnachas dioscúrsa nó ceangal leis an traidisiún. Pléann sí, ar fhianaise an duanaire seo, le hábhair atá chomh fairsing, chomh hilghnéitheach, chomh huileghabhálach le mianach mistéireach an duine féin 'sa tromluí stairiúil is beatha don Ádhamhchlann', mar a thug Eoghan Ó Tuairisc air in eagarfhocal *Rogha an Fhile*. Gheofar inti cíoradh ar bhuncheisteanna a bhaineas le cinniúint an duine agus é ag tabhairt aghaidh ar shaol luaineach na linne seo atá gan bhrí den chuid is mó, ó smaointe cráite Uí Ríordáin faoi chúrsaí reiligiúin go dtí bligeardaíocht *smart*áilte ghrúbhaeraí cathrach Davitt, ó chúrsaí tromchúiseacha pholaitíocht agus stair thuaisceart Éireann go dtí ceisteanna a bhaineas le hionad an duine i sochaí na linne (agus na ceisteanna féiniúlachta agus féinaitheantais a eascraíos astu araon), ó chúrsaí seirce agus síorghrá go dtí mioneachtraí faoi mhiondaoine ina ngnáthshaol laethúil.

Mhaígh Somhairle Mac Gill-Eáin in agallamh in *Innti 10* gurb í an liric 'buaicfhoirm na filíochta' agus tá an duanaire seo lomlán de dhánta aon uaire den chineál sin, nóiméid inspioráide, splancanna cruthaitheachta a bheireas go paiteanta ar mhionsonraí suntasacha i ngnáthshaol an duine bhig aonair ina choraíocht laethúil leis an saol amuigh: cúrsaí grá agus páirtíochta i saothar Choilm Bhreathnach; draíocht mhealltach agus scéiniúil in éineacht an tsaoil fhásta sin thar eolas an ghasúir a feictear in 'An Seomra Codlata' le Louis de Paor; laochas Christy Ring ina steillbheatha i ndán Sheáin Uí Thuama; samhlaíocht agus treallús na n-eisreachtaithe óga in 'Roy Rogers agus na hOutlaws' le Jackie Mac Donnacha . . . gá dtám ris gan cuid mhaith dá bhfuil de dhánta sa duanaire a lua go sonrach ina gceann is ina gceann as a dtréithe agus a gcáil.

I ndeireadh na feide, cúis cheiliúrtha agus ábhar mórtais ní hamháin a bhfuil sa duanaire seo ach filíocht na Gaeilge san fhichiú haois fré chéile. Míorúilt inti féin í a bheith ann chor ar bith, b'fhéidir, agus cluichí caointe na teanga féin á bhfógairt os ard ag saoithe dea-eolais leis na céadta bliain. Ní miste a mheabhrú athuair do lucht an díchreidimh gur le linn na tréimhse seo is mó a cumadh filíocht riamh sa teanga, b'fhéidir, bíodh is nach deimhniú fiúntais liteartha an méid sin ann féin, ar ndóigh. Is é atá sa chuid is fearr den fhilíocht seo allagar sofaisticiúil intinne agus anama an duine leis féin agus leis an gcomhshaol ina thimpeall, iniúchadh agus ceistiú muiníneach, neamhspleách ar shaol na freacnairce i bhfriotal atá nua agus sean, fréamhaithe go domhain agus saor ó theorainneacha agus ó laincisí in éineacht. Má scríobh Louis de Paor an méid seo faoi fhilíocht Mhichael Davitt sa réamhrá a chuir sé le rogha dánta Davitt, *Freacnairc Mhearcair*, is fíor an ráiteas freisin faoi chuid mhaith de lucht a chomhaimsire:

> The level of conviction and linguistic ease . . . is such as to imply that a rearguard action on behalf of the language may no longer be necessary, that, in the world of poetry at least, Irish can take its place in the Tower of Babel without the sanction of cultural protection. (lch XV)

Is cuí dá réir sin an focal scoir a fhágáil ag file i mbun an dáin ag fágáil a cloch shainiúil féin ar charn an tsaoil mhóir go dóchasach, dúchasach, muiníneach, neamhhleiscéalach, mar a bhí, atá agus a bheas Biddy Jenkinson in 'Gleann Maoiliúra':

> Lá fliuch samhraidh sa charrchlós,
> an Leabhar Branach liom mar éarlais dílseachta,
> ag filíocht
> mar nach dtéann cuimhne daoine san áit seo níos sia
>   siar ná Béarla
> agus gur uaigneach bheith gan sliocht dáimhe,
> ag baint macalla as learga dlútha an ghleanna
> in ainm na treibhe,
> ag cur cloch ar charn.   ·
>
> Lá fliuch samhraidh i gcarrchlós bharr an ghleanna
> sáinnithe ag bruscar na gcóisirí,
> Bean de shliocht na bplandóirí mé
> ag reic dánta le taibhsí . . .
>
> Tá an lá ag scarbháil sa charrchlós,
> foiche ag giúnaíl i gcraiceann oráiste,
> fiach dubh ag grágaíl ar Shliabh an Fhearainn,
> gealán gréine ag óradh aitinne
>
> is mo mhún dreoilín i bhfarraige ama
> go cóir.
> (*Dán na hUidhre*, lch 97/108)

Gearóid Denvir
Samhain 2000

An Duanaire

An Fiach Dubh

Maidin sa bhFómhar le lónradh an lae
Is ea dhearcas ó fhuinneoig mo sheomra féin
Fiach dubh feasa ar an bhfalla ina shuí
Rianaí thaistil ó thalamh thar toinn.
Do raideas-sa grá don rábach aerach,
Preabaire fánach, fáthach, scéaltach!
Dob fhuirist a mheas ar chreat mo réice
Gur eitil thar lear ó Fhearann Gaeil Ghlais.
Do shíleas gur fhéach orm féin le trua dhom;
Do shíneas mo ghéaga fé dhéin an ghruagaigh.
Mheasas go ndúirt: 'Mo chumha thú, a Phiarais!
Is ainnis do chúrsa i ndlúthghlasa iarainn.
Do bhís-se uair go luaimneach tréan,
An mhaoilinn suas ba luath do léim;
Do chonacsa treall tú it lansa faobhrach
Fuinniúil, teann, gan beann ar éinne.

Nach cuimhin leat maidin d'éis breacadh an lae
Is tú ag tíocht abhaile is do chara let thaobh
– An cara dob fhearr dár tharla it líontaibh,
Do chara bocht Seán go brách ná fillfidh –
Fiach dubh go bhfacais sa bhealach go subhach
Is an ghrian ag taitneamh go geal ar a chlúmh?
Do mholais le greann a dhealramh sásta.
Mise bhí ann is do ghreann ba bhreá liom.

Is fada mo shaol im straeire fánach
Is fairsing mo réim thar sléibhte is bánta.

Do chonacsa a lán nár chás dom a insint
In Inis geal Fáil is thar sáile choimhthígh.
Níl ann ach seachtain ó chaitheas-sa tréimhse
I mball sa bhaile is aithnid duit féinig.

I nGleann Deasmhumhan i Múscraí bhíos-sa
Is na lomchnoic dhubha go dlúth im thimpeall.
Bhí brothall thar meon le róneart gréine ann,
Solas go seoigh ar bhordaibh fraoch-chnoc.
Bhí an loch os mo chomhair go lónrach gléigeal
Cothrom gan ceo gan leoithne ag séideadh.
Bhí buachaill i mbád i lár na linne
Is ar bhruach an tsrutháin bhí gártha bruinneal.
D'éisteas go sóch le gleo na mbláthbhan,
Gaeilge is spórt ag cóip ón gColáiste.
Bhí cuid acu ag trácht ar lá do bhí acu
Anuraidh ar fán de bharr na maolchnoc;
Dúirt ciabhfhionn bheag dheas go cneasta caoin bog,
'Bhí Piaras 'nár measc, is maith is cuimhin liom.'

Do chuala gliogar na n-eochair fém dhéinse,
Do chuala fothrom foirne an Bhéarla;
Do chonacsa fém dhéin na béir om chiapadh,
Is d'imigh an t-éan ins na spéartha siar uaim.

Wanderlust

Ní hé Nennius is cás liom, dá ársaí a chlúsan,
Ná Gofraidh Fionn Ó Dálaigh, dhein barda do mhúineadh,
Ná leathanhallaí lána, cé breátha iad ná Lúna,
Ach na bóithre fada bána is iad dom shámhtharraing chucu.

A malairt sin níorbh fhearr liom ach bád seascair siúlach,
Is í ag léimrigh le fánaidh is lán srutha fúithi;
Éamonn geal bheith láimh linn is do lámhsa dár stiúradh,
Is a chara dhil na n-árann, nárbh álainn an triúr sinn!

Mhuise, caithimis i dtráth uainn Pokárny agus Brúgmann,
Is a leabhair throma ghránna nach fearrde an té scrúd iad.
Cad é an mhaith a bhfuil i gClár Luirc de dhántaibh is d'údair
Seachas bóithre fada bána nó bád seascair siúlach?

Dán do Scáthach

an t-oileán glé úd gurb é tusa é
tá sé fairsing sléibhtiúil

ceilteach agus oscailte
is nuair a bhogann néalta
trasna na spéire os do chionn
léirítear ailteanna is machairí

seangacht agus méithe in éineacht
agus scáth ar scáth ag leanúint a chéile
timpeall ar do cholainn bhán go léir

tráth gur shínis amach
ar an dtocht lomnocht
sa tseomra dorcha
os cionn na mara
bhí caille ar d'éadan
a d'fholaigh do cheannaithe
do shúile fiú
nuair ba léir iad faoin bhfial
bhí mar a bheadh scim orthu

do bheanna mórtasacha
ag éirí is ag ísliú
gile fhíochmhar do chnis
ina hoileán i lár an dorchadais
shnámhas go dtí tú
m'fheargacht go léir ar crith
le tnúth agus le heagla
do lámha anall tharam is mé ag dul isteach ort

mar oilithreach chun do theampaill thánag
is mé ag foghlaim gaisce
san áit inar thit céad fear romham
níos fearr faoi chéad ná mé
níor chuala ach ceol na bpíob

nuair a léimeas thar do dhroichead
is nuair a réabas do bhaile poirt

ceol síoraí na bpíob
ag leagan urláir faoi mo chroí

an t-oileán glé gurb é tusa é
a chuir sciatháin le mo mhian

do bheanna mórtasacha ag éirí is ag ísliú
i gcónaí faoi gach gníomh a chuirim i gcrích

is cuma anois nó cuid díom tú
cé ná faca do shúile riamh
bhraitheasa do chroí ag bualadh

i siansán uafar na bpíob mór
is i nglórtha na ngaiscíoch a thit romham
faoi bhuillí fíochmhara ghile do chnis
sa tseomra dorcha os cionn na mara

oileán fairsing oscailte tú
a iompraím thart liom
im chroí ceilteach

Gráinne agus Diarmaid

do ghúna trom
faoi ualach na báistí is an phluda
atá dá bhfí isteach sa dlúth ann
le ráithe is sibh ar úr dteitheadh

nuair a luíonn a shúile ort
agus an fhearg ag dorchú a chuntanóis

ceileann an fhearthainn na deora
ar do leicne agus is dóigh leis arís
go bhfuil an croí ionat ina leac
gur chuiris d'iachall air éalú leat

ach deargaíonn 'dtí na cluasa air
chomh maith ar uairibh
nuair a bheireann tú air is é ad iniúchadh
is tú ag iarraidh tú féin a ionladh
i ndeireadh an lae

tá sé gafa, chomh teann leat féin,
i ngaistí is i ndola na seirce

a cholainn fann
ag arraing an ghrá is an cheana
atá dá sá trén gcroí ann
le ráithe is sibh ar úr gcoimeád

nuair a luíonn do shúile air
is an náire ar lasadh id ghruanna

bainid an ghruaim do

is an uair úd
dháilfeadh sé sú a chléibh ortsa
d'fhéadfá é a dh'ól te óna bhosaibh

Macha

(do Mhary)

Éiríonn éan as measc na dtom
mar a bheadh tobainne gáire páiste ann.

I do dhá shúil, a ghearrchaile,
tá péire éan donn neadaithe.
Ní heol dom a n-ainm Laidine

ach aithním as an nua iad gach uair
a theilgeann tú do gháire paiseanta uait.

Is insíonn do shiúlóid sheolta
i measc na bhfearnóg
nithe dom, leis,
ab eol don éan is don chré fadó.

Táid na clocha fiú ag éamh as d'ainm fíor ort.

Is inseoidh an dúthaigh seo
an taobh go bhfuilir ann

don té a éisteann
cantaic na mbalbhán

don té a fhéachann
léimt an bhradáin

agus a bhéarfaidh ar an gcarbad
ina scriosrás trí lár na má.

An Uachais

An dorchadas dubh, badh in é do thoil-sa:
an fhuinneog a chlúdach is an choinneal a mhúchadh.

Ansin d'fháisc tú go dlúth mé i do bhaclainn gan teimheal,
d'ainneoin do choil le teagmháil na gcneas;

is nocht tú do cholainn, a ógbhean na n-athruithe,
a ógbhean a bhí seachantach cúlánta searbh.

Is samhlaíodh dhomsa nár sheomra de mo chuid-sa
é áit sin na coinne is an chéileachais cheadaithe,

ach uachais cheilte amuigh ar an uaigneas,
uachais an mhiangais ar annamh aon chuairt uirthi

is nárbh eolas d'aon duine ach thusa a suíomh,
ná a tomhaiseanna ná a tréartha ná í a bheith ann.

Ní thuigim, áfach, an mar fhireannach fánach,
strainséara storrúil a tháinig an bealach

tráth féile, a fearadh orm an phribhléid?
Nó a mhalairt uilig—go raibh mé i láthair

i mo cháilíocht mar chompánach an choibhnis chinnte
a treoraíodh siar thrí tholláin do shaoil-sa,

siar thrí dhorchlaí dubha do chuid déaga,
thar an imreas, thar an éamh, thar an gcastacht, thar an gcéasadh,

gur theann mé ar deireadh leis an duine ba thusa,
gearrchaile naíonda sa dorchadas á nochtadh—?

Seoda Cuimhne

Mar fhíorchnuasaire
Ba chóir go gcuirfinn i mbosca iad,
Nó faoi ghloine le lipéad néata
Ar nós na Victeoiriach,
In ionad iad a fhágaint
Idir bileoga dialainne
Óna dtiteann siad
Chuile uair a osclaím í.
Is chuile uair cromaim go talamh
Chun iad a shábháil
Á mbailiú piotal ar phiotal,
Lusra is rósanna,
A chaith siad mar choinfeití orainn
Ag bainis i nDushanbe,
Is an bláth geal andúchasach
A thit óm ghruaig
Leath slí tríd an damhsa
Tite ó chéile anois,
Ar chuma páipéir shíoda
I bhfaonsolas Samhna.

Cé gur beag a ghnóthaím
As an gcreach seo a bheirim abhaile
Ní féidir liom scarúint leis
Mar is cuimhin liom an sú
Laistiar den tseargacht
Is má ghliúcaim go géar
Cá bhfios dom nach bhfeicfinn

Aghaidh na brídí, cosúil leatsa
Nuair a d'ardaigh tú a caille,
Is d'aithin tú eilit órga na sléibhte
Os comhair do dhá shúl.

Duitse Gach Dúil

Níl Bíobla ná Portús agam
Chun m'ómós duit a chur in iúl,
Ach toirbhrim duit
A bhfuil i mo thimpeall
Fad a thugaim sciuird
Trí Mhachaire Láir na hÉireann.

I bhfad uaim tinte ár sinsear,
I bhfad uaim fuil agus deatach
A n-íobairtí siúd.

Leagfad amach duit ina n-ionad
Tabhartaisí tuaithe do chruthaithe féin:
Feisteas geal glas na bhfáibhilí
Báinne ógh na sceiche gile
Agus goirme na seimire cré;
Bíodh corcra na craoibhe liathchorcra
Ina róba ríoga duit
Agus chugatsa laom an aitinn
Le teannas a dhúthrachta.
Toirbhrim duit an searrach nua,
A choirpín seang is a ghéaga caola;
Bíodh na heascracha cuara ar ais agat
Le lán mo chroí,
Maille le méithe an fhearainn bhriste –
Duitse gach dúil, gach dúil bheo.

An Ghrian i Ráth Maonais

sín siar thar scáilmhaidin
a ghrian sheaca shamhna seo
a chaith coincheap criostail
suas trí lár Ráth Maonais
a las foilt chatacha
i bhfuinneoga

is breá liom na scátháin
a mbíonn tú iontu
i bpáirtíocht lem thaibhrimh

neadaigh i gcrann dom tamall
go sciorrfad síos an chanáil dhuilleogach chugat
amach thar mo mheabhair

a chaoinghrian chaointeach
dall mé

Báisteach

Ar an Mullach Mór gála aduaidh
ag seiliú na báistí i gcoinne cheann an tí.
I dteas ár leapan amharcaimid
domhan dubh easach trí fhuinneog
agus glam nach binn an Atlantaigh
ag seoladh chugainn cuimhní taise
ina gcaisí reatha:
seomra ranga i Scoil Náisiúnta
Bhaile na mBocht
is an ghal ag éirí dínn os comhair
morc de thine ghuail.
Sráid Phádraig, Nollaig éigin sna caogaidí
is mé nach mór istigh faoi
scáth fearthainne mo mháthar,
máilín beag Santa ó Chash's
á dhianchlúdach agam
faoi chóta gabairdín.
Báisteach Choláiste na Mumhan
is mé ag snámh in abhainn an Ghaorthaidh,
mo chuid éadaí báite ar an mbruach
is an siúl scigeach leathnocht
aníos chun suanlios na mbréanstocaí.
Ceobháisteach ag scuabadh
go magúil thar Ghuagán Barra,
an Mangartan is Bealach Oisín
agus cacbháisteach Dhún Chaoin
ag creimeadh anuas go neamhthrócaireach
gan d'fhaoiseamh uaithi

ach móin nó pórtar.
Múraíl Chonamara ag brú
a gcuid plotaí solais rompu aniar
is an bogha ceatha os cionn
Loch Measc,
shuíomar ar chladach
tráthnóna Lúnasa in ochtó ceathair
ag déanamh iontais de shúil
an Chruthaitheora.
An balcadh earraigh a gheobhadh
garraíocha Mhín an Leá
is ár mbuataisí ag suirí
leis an chlábar
is caidé bheadh i ndán dúinn
ag tiomáint abhaile thar an Eargail soir
fríd An Ómaigh, Scairbh na gCaorach
is Muineachán ó dheas
ach síordhíle
is na cuimleoirí ar a míle dícheall
á scaobadh den scáileán.
Seanbhusanna Bhleá Cliath
bhíodh báisteach uathu
chun iad fhéin a chruthú.
Ní thabharfá aird ar na
rothaí móra bagracha san
nó go gcífeá chugat iad
ag díoscadh trí na sráideanna úrnite,
tonnta uisce á gcaitheamh isteach acu
ar lucht siúlta na gcosán.
Samhlaím lán bus de phaisinéirí
faoi chótaí fliucha olla

ar a slí chuig an gComhdháil Eocairisteach
i bPáirc an Fhionnuisce
i naoi déag tríocha dó,
samhlaím ollchruinniú
de chuid Dhónaill Uí Chonaill
agus an t-uisce ag gleadhradh anuas
ar chaoga míle Caitiliceach Rómhánach.
Inniu ní gá dhúinn bheith inár mbáiteacháin
ar son aon chúise
is nuair a chloisim tú ag gearán
ar an aimsir deirim:
'éirímis amach ar an urlár,
a chara liom,
tá oíche fhíorfhliuch Aodhagáin
ina hadhmhaidin.'

I gCuimhne ar Sheán de hÓra † 1989

Ba den 'bhog déil' tú fhéin leis,
Den tseanashaol a thál
Prima Donnas úd eile Dhún Chaoin,
Pound, Charlie, An File.
Bhís déanta dom bhrionglóidí féinig,
Rothaí aonair ó chathair anoir
D'iarraidh teacht in inmhe fir,
Dincthe isteach idir bláthadóireacht uile na *Hippies*
Agus cúis na teangan. (Níor bhain
Ceachtar cúis Corca Dhuibhne amach
Faoi lár na seascaidí, ná níor bhain ó shin).

Do shean-nós tigh Daniel Kane
A d'adhain mo chluas is mo shamhlaíocht
An chéad uair riamh. Do shainstíl
Órach féin gona stadanna obanna
Is a geonaíl; balcaire beag righin
Ina cholgsheasamh i lár an fhotharaga
Is déarfá *An Clár Bog Déil* faoi mar
Gur tú an suiríoch deireanach ar domhan
Fágtha ar charraig aonair i measc na dtonn
I gCuas na Nae, na súile leighte siar
Cúpla céad bliain id cheann,
Lámh neamhscrupallach ag tarrac
Patrún ar an aer idir tú
Agus do lucht féachana. (Chaith an lámh chéanna
Luch bheo as buatais rubair
Isteach i gcroílár tine móna lá

Is d'iompaigh mo ghoile nuair a chonac
Na súile ag leaghadh).

Ag ól *cider* cois na tine céanna oíche
D'fhiafraís díom cá gcaitheas an lá
Nó an ndeineas aon dán.
Bhí ábhar dáin agam, a dúrt.
Gur chuas ar thuairisc Phiarais Feirtéar
Agus go raibh comhrá beag agam
Leis an seanathaoiseach file,
Féasóg ceithre chéad bliain air
Is é suaite a dhóthain.
'An mbraitheann tú uait an seanashaol,
A Phiarais?'
'Ó braithim,' ar seisean,
'Is braithim uaim Sibéal.'

'Díreach ar mo chuma fhéin,'
Arsa tusa, a Sheáin,
'Nach ait an obair,
Díreach ar mo chuma fhéin.'

Lúnasa

másach mascalach stáidmhná
agus murúch fir
chuaigh ag tiomáint an tráthnóna lúnasa soir
faoi na tránna tréigthe

an breacsholas agus an dorchadas
ag iompó isteach is amach
idir gaineamh agus léas

taoscán vaidce agus toit

ruathar bóúil chun na taoide síos
ina craiceann gealaí
eisean de thruslóga rónda ar teaintiví
gur léim ar a muin de dhroim sobail
gur thiteadar i ngabhal a chéile ghoirt
gur shnámh a chéile trí chaithir thonnchíortha
faireoga tiarpacha le faireoga fastaímeacha

gur dhein pian amháin
de phianta an tsaoil
a shuaimhniú

dís débheathach
i bhfreacnairc mhearcair

Stórtha Arda

Tá áthas ar Aingeal gur chuimhnigh sí
ar a lapaí. Agus is mór an áis di freisin,
a culaith chait dhubh. I dtosach bíonn
imní uirthi eitilt róghar don ghealach
ar eagla go ndiúgfaí a cuid fola. Seans
go dtitfidh sí gan brat fúithi. Is rud
amháin é a bheith ag eitilt le linn taibhrimh –
sa saol seo is gá iarracht níos mó
a dhéanamh. Dein dearmad ar mheáchan
do choirp, a deir sí. Sín amach do ghéaga
ar nós curaidh céad méadar sa snámh brollaigh.
B'fhéidir gurb é seo an t-aon seans a gheobhas tú.
Ní theastaíonn uait fás suas i sluma.
Fiche stór ar airde. Gan chrainn. Gan jab.

Le héirí na gréine gabhann thar abhainn.
Tugann faoi deara dallóga liathdhearga
ag bolgadh as díonteach. Caith do shúil
thairis sin, molann di féin. Laistigh,
stacaí leabhar. Dealbha ón Oirthear.
Is ón urlár mailpe croitheann a scáth chuici.

An Seomra Codlata

Ní raibh aon ghlas ar an ndoras
ach focal crosta mo mháthar
dolúbtha mar bholta iarainn,
díomhaoin mar ghad um ghainimh
nuair a scaoileadh ár bhfiosracht den iall.

Scéigh néaróga bioraithe
le díoscán hinsí orainn nuair bhrúmar
isteach an doras righin
ag teacht ar bharraicíní
thar teorainn ár bhfeasa.

Chluthraigh an t-aer stálaithe
teas anála fé chuirtíní druidte
sa tseomra doiléir;
bhí mo chroí im bhéal
chomh mór le croí rónaofa Chríost
ag pléascadh ina chliabh ar sheastán
os cionn na gcoinnle oíche,
a dhá shúil martra ár bhfaire
chomh díomách le máthair nó Garda.

Bhí cófra greanta chomh mín
le huillinn piú sa chúinne,
boladh bróga nua ar an adhmad snasta
agus litir an Phápa os a chionn
mar bheadh fógra i ngort
ag fógairt stróinséirí amach

i gcas-scríbhinn Laidine
chomh dorcha le haibítir oghaim.

Nuair a tharraingíos an tarraiceán dúr
tháinig fuarbholadh bosca faoistine
aníos tré mhus mo chuid allais,
chuaigh méara oilte ar phócaí
a phiocadh ag taighde sa tsnámhraic
a caitheadh i dtír le stocaí,
haincisiúir is brístíní i ndrár
na bhfo-éadaí, bronntanaisí Nollag
na leanaí – giúirléidí daite gan mhaith
nár mhaith leo a chaitheamh
ná a chaitheamh amach, chomh táir
le hanam tuistiúin F.W. Woolworth.

Bhí lámhainní ar mo choinsias
ag leagadh an bhruis i leataoibh,
rásúr fiaclach le cos airgid
agus gléas míorúilteach
chuirfeadh faobhar ar lann mhaol,
seanghalas sa bhfaisean ba nuaí
i naoi déag caoga a trí,
carabhat le suaitheantas diamhair
Masónach – pionsúr ag stathadh fiacal.

D'éirigh stua ceatha
aníos ar mo mhalainn nuair a chonac
na grianghrafanna dubhagusbána,
mo mháthair i ngúna galánta
chomh mín síodúil gur dheas leat

an páipéar fuar a chuimilt led ghrua,
an buachaill ina chóta lachtna

ag teacht as stáisiún traenach
i Londain Shasana, amhras imirceach
ina shúil stuacach, olc air
gur chuir sonc uilleann an cheamara
isteach ar a mharana. Cad a bhí ina cheann
nuair ná rabhamar in aon chor ann,
nuair a bhíomar ar Neamh
ag ithe peaindí leis na leaids?

I gcúl an tarraiceáin laistiar den iomlán
bhí ionnmhus gan áireamh i dtaisce
i seodbhosca mo mháthar – bróistí,
breasláidí, fáinní óir is airgid –
taibhrí a bhain sí di ina gceann
is ina gceann de réir mar bhain na blianta
a mianta luachmhara dhi.

Ar oscailt an dorais
nochtamar dorchlaí geala
nárbh eol dúinn go dtí sin
inár dtighne; shiúlamar tré rúmanna
aeracha a thréigeadarsan fadó
nuair a thugamarna ár dtrioblóidí beaga
i mbróga salacha tré hallaí bána
a ndomhain gan smál.

Nuair a chuirim chun imeachta anois
ar eagla go mbéarfaí orm istigh

sa tsaol eile sin thar m'aithne,
go dtiocfadh fios i ngan fhios
aníos taobh thiar díom,
go mbuailfí leacadar fé bhun mo chluaise
is nárbh fhéidir liom éalú
tá m'aigne i ngreim,
ní féidir an doras
a tharrac
im dhiaidh.

Airím cheana
cogarnach leanaí
i mbarr an staighre,
ní féidir liom corraí.

Glaoch Gutháin

Sara dtosnaigh an guthán ag bualadh
tráthnóna i mí Eanáir
bhí crainn líomóin ar chúl an tí
ag lúbadh faoi ualach solais
is an ghrian
á searradh féin
le géaga cait.

Bhí pearóid in éide easpaig
ag praeitseáil le scuaine mionéan
a d'éist lena seanmóin ghrágach
chomh cráifeach
corrathónach
le buachaillí altóra.

Bhí m'aigne tuartha
ag an ngrian bhorb
nó gur ráinig do ghlór siúltach
ó chathairphoblacht i lár portaigh
mar a raibh pórtar ar bord
is allagar tromchúiseach ar siúl
i measc geansaithe olna is gúnaí fada
i dtithe óil cois abhann
is gaoth stollta
mar a bheadh gaotaire ramhar ón Meal Theas
ag rabhláil tré ghéaga na gcrann
ar Shráid an Chapaill Bhuí.

Chuaigh do chaint lán
de bhuillí uilleann is glún
ag dornálaíocht le scáileanna mo chuimhne,
focail tiufáilte ag rúscadh tríom cheann
is do ghuth easumhal ag rásaíocht
mar a bheadh rollercoaster ceann scaoilte
sa charnabhal i mBun an Tábhairne.

I lár an mheirfin
i gcathair Melbourne
bhí frascheol píbe
ag clagarnach sa tseomra
mar bhí ríleanna báistí
is geantraí geimhridh
á seinm ag méara meara
ar uirlisí ársa
i gcathair an éisc órga.

Thar Am

Bhí sí déanach ariamh is choíche
mar a bheadh smut dá candam ama
abhus ar iarraidh i gcúl an chúits
nó i bpóca deannaigh
taobh thiar den matal
is gur leasc léi dul ar aghaidh
gan dul siar arís á chuardach
sa scoilt idir anois is anallód.

Cheartaigh a fear an dearmad
a bhí inti, dar leis, ó nádúr;
chas an tigh chun cinn ar an gclog
le breith ar ais ar an am
a bhí caite sa spás
idir buille Eilbhéiseach a chroí fhéin
agus buille mírialta na mná
a bhí díreach an méid sin
as alt i dticteach na cruinne.

Tá sí déanach i gcónaí
is táimid brúite i gcúl na cairte
chomh míshlachtmhar
leis an dtaobh istigh
d'uaireadóir briste,
ag triall, ní foláir,
ar Aifreann a haondéag.

Tá cloig ag bualadh,
adharca á séideadh
is uisce ón spéir á dhoirteadh
ar ghrua an ghaothscátha.

Tá cuimleoirí basctha
mar chiarsúr linbh ag smearadh
deor le súil an ghluaisteáin.

Seasann an draibhéir
ag bun an staighre sa halla
chomh righin le líne ón mBíobla,
is an ghrian ag dul faoi
ar chaol a chiotóige.

Tá monabhar a bhéil chomh ciúin
le siosarnach na leathanach
i leabhar urnaí,
a chroí buailte
ag buile an chloig.

Uabhar an Iompair

is n'fheadar ná gurb é seo anois
do chruth féin is do chló ceart
do chom chomh mór
le clog ardeaglaise
ag ceiliúradh na dtráth gan riail
ó iarmhéirí go heasparta na fola

tá do chiotóg buailte
le clár do dhroma
mar phrapa le huabhar
an iompair mar a chuirfeadh
fear a ghualainn le crann
is urlár luaineach an tsaoil
ag luascadh féna shála cipín

nuair a shéideann an doircheacht
ar an mbaile cois mara
ina maireann mo dhúil
baineann a hanáil simléirí
na dtithe gallda ar bhóthar na trá
sínim láimh leat thar an mbruth
faoi thír i lár na leapan

mo ghéaga caite os do chionn
is do phaisinéir laistíos
ag gabháil de dhoirne
ar dhoras mo bhoilg
clog cuaiche ag cuntas
na laethanta fé dhithneas
sara gcuireann mo chabhail in aer

Naoi dTimpeall

1 Tar aduaidh chuig an tobar beannaithe.
Beidh an ghrian ar do bhéal,
An dorchadas taobh thiar díot.

2 Siúl deiseal coslom ina thimpeall,
Naoi dtimpeall na spéire
Ar ghéarchosán na naomh.

3 Aithris na paidreacha agus tú ag siúl.
Cuir d'aghaidh faoin chraiceann.
Ól bolgam uaigneach fuachta.

4 Tusa ar a ngoilleann riachtanas
Balbh do dhúchais féin,
Feicfidh tú breac an leighis.

5 Roimh theacht aduaidh duit abhaile
Greamaigh mar chomhartha buíochais
Giobail ded éideimhne den sceach.

6 Smaoinigh gealmhaidin seo na féile
Ar an fháilte a fhearfar romhat
A luaithe a thagann tú slán.

7 Ar an bhaile déanfar dubhdhearmad
Gan mhoill ar an díol deora
A bhíodh ionat tráth.

8 Ní bheidh tú id dhíbeartach rúnda
Amach anseo ag do mhuintir.
Beidh tú eolach mar chách.

9 Cas ar ais sula mbainfidh tú amach
Tobar seo an tslánaithe.
Fill ó thuaidh leat easlán folláin.

Thàinig mo Rìgh air Tìr am Muideart

Sa halla beag stáin i nGaeltacht na hAlban,
Iad araon, Gaeltacht agus halla, ar mheá chothrom
Ar imeall an domhain – thiar farraige chonfach
An Atlantaigh, laisteas farraige fhuarchúiseach –
Labhraíonn píobaire agus rinceoirí i rúnchogar,
Tá aighthe Lochlannacha ar na cailíní beaga
A chanfaidh ar ball, agus cuirtear fidil i dtiúin.
    Lasmuigh cuireann an sioc loinnir sna réaltaí
    Go mbuaileann an sruthán faoin bhóthar
    Ina líne as amhrán idir dorchacht agus dorchacht,
    Ligeann an fia a scíth i measc na naosc,
    Codlaíonn an breac isteach i nduibhe an locha.

Agus anois seinneann an píobaire as samhlaíocht
Tubaiste chomh sean leis an cheo, é ag céimniú
Go taibhseach thall is abhus ó bhalla go balla, gleannta
Ar a chuimhne aige agus sléibhte, iad ag síoroscailt
Faoin fhuaim. Níl aon dul in éag de réir a chéile
Nuair a stopann sé. Níl ach bualadh na mbos.

    Le linn an tsosa sa chistin
    Taobh thiar den stáitse, teannann
    Na ceoltóirí le chéile ó scrúdúchán oíche
    Agus líonann an fidléir sna cupáin
    Bolgaim den Tè-Bheag don fhuacht
    A fhanann go marfach faoin chroí.
Agus anois tá na daoine ag gabháil dá gcosa, ag cantan
D'aon ghuth leis an bhean a chasann go garg

Amhrán na farraige sa Ghàidhlig sin a choimeádann
Na cnoic i bhfolach ó na réaltaí barbartha,
Agus lonraíonn na gluaisteáin sa solas a chaitheann
An halla stáin chomh fada leis an duibheagán.

Liobharn Stáit

Ar léinsigh órga an uisce
Ar a bhfuil na néalta daite
Tá an bád canálach liosta
Ag imeacht léi gan mhairg –
As fear a stiúrtha meata
Ag cuimhnithe gan aird.

Ní curtha i dtácht a ciste
A cáil ná cúis an aistir
Is í liodaracht na leisce
Luas dlisteanach a taistil
As ní scanraíonn sí an eala
As í ag dul thar bráid.

De chéime troma briste
Tá a capall seanda á tarraing
Ar cé na ciúise glaise
As ní mó le ríomh a ghradam
Atáid araon, mar mheasaim
Ar cáilíocht amháin.

Anois tá an t-ard á shroisint
As an loca dúch ar leathadh
As is gearr go mbíonn an tuile
Dá líonadh caise ar caise
Agus nochtaíonn fé mhaise
An mhachaire cónard.

Fé shuaineas ná coisctear
Ar aghaidh arís go ngabhaid,
Lichtéir na dtaibhrithí bhfolamh
As fuireann cúpla cnaiste
Nach eol dóibh gal as gaisce
Na bhfarraigí bhforard.

Ar éadan mhín an uisce
Siúd seanga-chruth na saileach
Mar ghréas a rinne clisteacht
Na méar ar sróll buí-dhaite
As ní clos ach tuairt an chapaill
As falaracht an bháid.

Na Coisithe

I gcoim na hoíche cloisim iad
na coisithe ar siúl,
Airím iad, ní fheicim iad,
Ní fios cá bhfuil a gcuairt.

I gcoim na hoíche dorcha,
Is an uile ní i suan,
Airím teacht na gcoisithe
I lár an bhaile chiúin.

An daoine iad nach sona dóibh,
Nó anamna i bponc,
Nach aoibhinn dóibh an t-ionad san
I gcónaíd go buan?

I gcoim na hoíche dorcha,
Is cách ina chodladh suaim,
Is ea chloisimse na coisithe
Ag teacht is ag imeacht uaim.

An Dobharchú Gonta

Dobharchú gonta
ar charraig lom
ga ina taobh,
í ag cuimilt a féasóige
ag cuimilt scamaill a cos.

Chuala sí uair
óna sinsir
go raibh abhainn ann,
abhainn chriostail,
gan uisce inti.

Chuala fós go raibh breac ann
chomh ramhar le stoc crainn,
go raibh cruidín ann
mar gha geal gorm;
chuala fós go raibh fear ann
gan luaith ina bhróga,
go raibh fear ann
gan chúnna ar chordaí.

D'éag an domhan,
d'éag an ghrian i ngan fhios di
mar bhí sí cheana
ag snámh go sámh
in abhainn dhraíochta an chriostail.

Fís Dheireanach Eoghain Rua Uí Shúilleabháin

Do thál bó na maidine
ceo bainne ar gach gleann
is tháinig glór cos anall
ó shleasa bána na mbeann.
Chonaic mé, mar scáileanna,
mo spailpíní fánacha,
is in ionad sleán nó rámhainn acu
bhí rós ar ghualainn cháich.

Ár nÁit

(do Helen)

Níl aer cumhra san áit a dtugaim duit grá,
ná sú craobh ag fás ann
ná meas d'aon sórt;
ní thagann longa arda ó thíortha i gcéin ann
is níl cuacha órga ar an mbord againn
ná ceol téide dár mealladh chun suain.

Ní éiríonn réalt eolais san áit a dtugaim duit grá
ná ní ghluaiseann mil
ina slaodaibh ann go farraige síos.
Ní bhíonn éinne fuar faoi thaitneamh gréine ann
ná ní chuireann an sioc riamh an t-allas trínn.
Is ní fios dom éinne ar thóir a mhuirnín
a shnámh go Cape Town nó Pernambuco.

Ní bhronntar péarlaí san áit a dtugaim duit grá
is ní chothaítear cneas ar éinne ann
atá chomh geal leis an ngéis.
Níl linn ghlé in aice láimhe
a ruaigeann éisc a chéile inti
is níl folt dréimneach ag titim le héinneach
go drithleánach go talamh síos.

Níl ach tithe ceárnacha maoldaite anseo,
iad daiseáilte leathscartha
agus méid áirithe simnéithe in airde
agus gealbhan nó dhó ag preabadh

i measc na dtor anaithnid atá
scaipthe go himeallach
thart ar dhronuilleog scaoilte
an chúlghairdín scamhaite. Os
ár gcionn lúbann sreanga teileafóin
trí chraobhacha cúnga
na ndroighneán searbh is bí cinnte go réabfar iad
lá gaoithe éigin. De gheit
tosaíonn gadhar fáin
ag tafann go fánach
is dónn ár gcait féin an féar
ina thuí fúthu. Cleachtann leanaí
na háite fuath fásta
ar a chéile is titeann billí thar
lic an dorais gan choinne
díreach mar a bhreac
na cága díon na cartach
gur briseadh an aeróg uirthi
sa mheaisín nite díreach inné. Caoga troigh
uainn tá lampaí sráide agus lastall
díobh tá tithe ina gcaitheann
strainséirí slachtmhara saol
atá chomh pointeáilte lena bhfál bearrtha.
Bhí fuacht coimhthíoch ann le gairid
ach an mhí seo chugainn rithfear
An Corn Domhanda is deir an fear teilifíse
go mbeidh an samhradh i mbliana go breá.

Seo é ár n-áit. Is ann a thugaim duit grá.

Whacker

Whacker Conners a thugtaí air,
Timmy ó cheart,
agus bhain sé le Fever Hospital Hill.
Bhí Murphy's Stack
in aice láimhe, túr taibhsiúil
breac le brící dearga,
é ina Empire State sa taobh seo tíre,
daingean do-sháraithe.

Thángadar ag creachadh oíche,
Whacker is a chriú, iad deataithe
óna searmanaisí danartha, brístí
gearra ar crochadh de théadáin bhréide,
faithní faoi bhláth ar a gcosa feannta:
Gabhadh mé ar fán im aonar
is gan mé ag faire na práinne.
Chas mé is lúb is scread.
Chaitheas géilleadh
dá gcroibh chíocracha,
a théadh i ngleic go fíochmhar
le gannchuid laethúil
is le saint a ndeartháireacha móra féin.

Ceanglaíodh mo chúig chaol.
Chothaigh an faitíos clúmh liath
ar theanga dhom is damhán alla
i mo cheann. Fadaíodh tine is,
idir an dá linn, dhóigh siad

go sásta mé le neantóga is
bhíog mé go fonóideach le craobhacha
úrbhainte.

I dtobainne
cuireadh stop lem chéasadh. Bhraith mo mháthair
mo chás ceithre chúlshráid ar shiúl
is tháinig anuas orthu ina balc samhraidh
is ghlan dá gcrá mé. Theith siad
óna haontsúil Bhalorach,
Whacker chun tosaigh orthu ar fad,
a shainmhagadh anois ina phrioslaí
go rábach lena bhéal leata.

Tá tríocha bliain anois 'mithe ar fán.
Tá. Breis is deich míle lá.
Bhronn muintir is cairde is leannáin
cabhair is cion orm i dteannta grá.

Dá bhfeicfinn anois é oíche bháistí
amuigh faoin dtuaith, dhá roth pollta faoi
is mise san aon charr ag imeacht na slí,
chuimhneoinn ar Chríost á chéasadh
is ar A mhórghrástaí.

Áit a bhfuair mé grá, ní raibh aige ach pian,
Nuair ba sheascair mé, bhí seisean tinn;
Ba othar é a chuaigh gach lá faoi scian,
Níor roinn an saol seo leis go caoin –

Is d'fhágfainn an bastard faoin bhfearthainn righin.

Máireoigín an Oilc

Preabann géaga an phuipéid;
osclaíonn is dúnann
a chlab go meicniúil;
brúchtann na bréaga as a bhéal.
Ní haon Fhear Stáin é
urlabhraí seo na Móir-Ríona:
tá Glúin Loite is Mai Lai ar a mhapa.
Faighim blas coirdíte,
blas napailm ar a fhocail,
is tá boladh an chraicinn dhóite
ar a anáil bhréan.
Nuair a stadann an chaint
mothaím
ciúnas treascrach pháirc an áir.
Tá meangadh plámásach ar an aghaidh fidil
a cheileann an phlaosc;
ach feicim scáil mhuisiriún an díobhaidh
ina mhic imreasáin,
is tá faitíos millteanach orm.

Amhrán Mhis ag Grianstad an Gheimhridh

Oícheanta seaca
i mbile cille
mar éan i ngreim i nglae
lem chleití flichreocha
síos liom in aon bhrat oighir,
an dá chois crochta asam
mar phrátaí seaca
ag ceangal
de ghasa fada feoite,
chanainn
caintic na maidine,
imní ag giollaíocht
ar mo sheamsán dóchais
is reo na maidine ag athreo,
mo chuisle ceoil
ag cuisniú
is ag titim
ina gháire dóite.

Is bheinnse imithe ar eadarbhuas
ar bhaothréim siúil
ag lingeadh léimeanna
ó leamhan go hiubhar
mo chíoradh féin ar dheilgní an droighin
im ghealt
mar shíleadar,
murach
istigh im shlaod smeara

san idirfhásach
idir ghealtacht geilte
is ghealtacht duine
cuimhne ag goradh
is ag spriúchadh teasa . . .

Maidin in ainnise in iubhar na cille
bláth seaca ar mo shúile
stualeirg mo dhroma
ag cnagadh
ar an stoc reoite,
mo mhásaí maoldearga
ag táth fúthu
in uanán buinní biolair,
chasas soir
is phóg gealán mo shúile
ag leá oighir iontu.

Lígh méar fhada gréine cuar mo bhéil
is shlíoc mo ghruanna,
neadaigh im leicne.

Bhraitheas an dúléan ag leá im chroí
an ghile ag nochtadh cneá isteach go braon
is an dubh ag rith uaim.
Shíneas uaim mo lámha chuig an ngrian
a dheargaigh néalta
a thug suntas
do gach lóipín sneachta gur las sé,
gur tháth tír is aer in aon mhuir solais
mar ar chuir mo chroí chun cuain.

Sa dúluachair,
i bputóga dubha gach bliana,
mar chúiteamh comaoine,
ceapaim an ghrian
i gcuaschomhlaí mo chroí
is teilgim í sna harda
le hurchar ceoil
de bhéala éin an earraigh.

Aubade

Is ní cuimhin liom a thuilleadh
ar fhás mé ar do bheola,
an scoiltghin mo shamhlaíochta thú
nó siolla gaoithe móire
ag tógáil toinn sa leaba seo
i lochán leasc mo bheosa.

Rabharta dubh na hoíche
ag síorchúlú ón gcoimheascar.
Lugach mé ar lomtrá is mo shuan
ag rith siar síos uaim

is ní cuimhin liom a thuilleadh
an tú féin nó leannán sí thú
nó mo bhás a thit im ghabhal
anuas de mhuin na gaoithe
ach gur dhíon tú ar an sceimhle mé
a líonfaidh le trá oíche.

Mo dhúshlán fút, a mhaidin
– ach mo shúile a choinneáil iata –
fanfad cruinn im leaba thráite
i ndo-eolas, gan cuimhneamh
nach bhfuil sciath ar an uamhan agam
ach comhluadar na gaoithe . . .
Lugach thíos faoin ngaineamh
ag feitheamh le hataoide.

Éiceolaí

Tá bean béal dorais a choinníonn caoi ar a teach,
a fear, a mac,
is a shíleann gairdín a choinneáil mar iad, go baileach.
Beireann sí deimheas ag an uile rud a fhásann.
Ní maith léi fiántas.
Ní fhoighníonn le galar ná smál ná féileacán bán
ná piast ag piastáil
is ní maith léi an bláth a ligfeadh a phiotail ar lár.

Cuirim feochadáin chuici ar an ngaoth.
Téann mo sheilidí de sciuird oíche ag ithe a cuid leitíse.
Síneann na driseacha agamsa a gcosa faoin bhfál.
Is ar an bhféar aici siúd a dhéanann mo chaorthainnse
cuileanna glasa a thál.

Tá bean béal dorais a choinneodh a gairdín faoi smacht
ach ní fada go mbainfimid deireadh dúile dá misneach.

Uisce Beatha

Bhí tart ar an sliabh inniu
an bogach scarbháilte, an móinteán dóite
is dusta an fhraoigh ag éirí mar cheo bóthair.
Is tá tart orm arís, seantart, an íota,
an triomach a dheighilfeadh ón saol táite mé im chaithnín snaoise
is nach bhfuil múchadh air go bá
san fheacht a ritheann faoi choim na cruinne
tríd na dúile, timpeall
in úscadh ceo, i dtuilte geimhridh, i sruthlam taoide
i mún spideoige, uisce na bhfiacla, deora caointe.

Ach lá Lúnasa, lá teaspaigh, lá seo an tsolais,
níor mhaith liom bheith im chuirliún
ag impí ceatha.
B'fhearr go dtiocfá faram go fras thar chorcra an eanaigh
go ndéanfaimis fraochlinn den fhraochmhá tamall
le tonnluascadh.

Is go sáimhreoimis i dteannta a chéile, tar éis ár mbáite
mar lochán ag suaimhniú,
tiopail ag snámh amach ar ár gcraiceann uisce
is a scáileanna ag cíoradh grinill ionainn go subhach.

Roy Rogers agus na hOutlaws

An-scannán sa halla beag anocht
Cúpla Ríoga na linne
Roy Rogers agus a chapall mór bán.
Agus gan an scilling againn i gcomhair an dorais.

Ach níor stop sin muid!
Plainc mór in aghaidh an bhalla
Faoin bhfuinneoig taobh amuigh.
Roy Rogers ar an gcapall mór bán
Ar tí na houtlaws a cheansú
Muid ar sceitimíní
Nuair lonradh lóchrann solais
Inár súile.

Sciorradh go talamh,
As go brách linn.
An cnoc amach a thug muid
Agus é inár ndiaidh
Le solas láidir.
Thug muid seans dó theacht níos gaire.
Agus ansin do na boinn aríst.
Fuinniúil.
Go ndeachaigh muid amú air
In Aill an Eidhinn.
Bhí sé fánach aige breith orainn
Capall nó gan capall!

Sa halla beag,
Roy Rogers ina ghlóire,
Na houtlaws ceansaithe.

Sa gcnoc
Muide inár nglóire
Na houtlaws saor fós
I measc na gcarraig
In Aill an Eidhinn.

An tEarrach mar Bhanphrionsa

Tá coicís agus dhá lá caite
ó scar Naomh Bríd
a fallaing thorthúil
thar garraí agus thar claí.
Tá borradh faoi na lusa
ar bhruacha abhann
is is gearr go ndéanfaid gaisce
as a dtrumpaí óir
– trumpaí balbha
nó go siúlann tú im threo
agus go gcloisfead scol.
Cuirfidh saileacha umpu
a gcóiriú uaine áthais
agus tú ag dul tharam.
Drithleoidh sailchuach,
sabhaircín, caisearbhán
i mbraislí faoi do chosa
agus na beacha malla
pailintroma,
umhlóidh siad duit
is iad ag crónán leo.
Séidfidh gaotha boga romhat
is seolfaidh néalta bána
i ngormspéartha
os cionn do chúil
atá gan criosma fós.
Ins an mustar seo go léir
an mbeidh mé féin
im ara
nó im phrionsa
ar d'insealbhú?

Dála Actaeon

Nor are, although the river keep its name,
Yesterday's waters and today's the same. (John Donne)

Abhainn is ea an saol, b'é Donne a dúirt,
i dtús ár ré, blianta coimpeartha na heolaíochta.
Ba mhó ba chlog an saol, i dtuairim Newton.
Shnífeadh an abhainn leis trí chlaiseanna
agus réileáin na n-aoiseanna,
ach trí bhíthin na samhla sin, an clog,
chuirfeadh síol cáiréiseach an eolaí
duine ar an ngealaigh lenár linn.

Céim ollmhór don chine, ba ea go deimhin,
ach céim síos don bhfile, an íomhá úd
ar scaileáin phlaisteacha an tsaoil mhóir
dár bhfiagaí geanasach, Diana,
faoi thráill ag an torathar craobhach,
ag pramsáil go buacach ar a cneas dothadhaill.

Amhail Actaeon beannach bunaidh, ámh,
nár éalaigh óna chonairt chraosach féinig
ó steall an bandia luisniúil a huisce ionnalta
ar gharmhac mínósach úd na gréine,
ar mhodh nár shearbh le Meileampas ná Pamfagas
gualainn stróicthe a máistir chlaochlaithe.

Dár ndeoin féin, síol solasmhar an réasúin,
steallann sruth íomhánna ó arda aerógacha
an aeir orainn, ár gclaochlú chun sainte,

ár saghdadh trí mhám agus fothair,
thar ailc agus fhearsaid an gheilleagair
ar lorg olltomhaltas na holltáirgeachta,
ionathar agus allas ár gciníocha linn.

A mhic, meabhraigh dá réir sin an baol
go bhfuil ár gcrúba gútacha nite,
is nuair a bheas an burgaire déanach ite,
go sruthlóidh an bháisteach aigéadach
ar ais sinn sa bhfarraige as a dtángamar,
sinne, an mórmhamach is coitianta
ar dhroim an domhain ché, agus glacfaidh
torathar eile chuige ár bpríomhghnó,
e-coli a iompar ina phutóga – le meatán
a ghiniúint chun ocsaigin an atmaisféir a dhó.

Mar is sinne ridirí na rúisce,
tufógaithe an turgnaimh dhéanaigh,
tóraithe an bhroma mhóir, ár dtamall caite againn
faoin gcioth buile a steall ár gcuid tnútha orainn.
I mairg na maothghréine dúinn,
cár mhiste tumadh arís san abhainn – abhainn
is ea an saol a shníonn leis go neafaiseach –
seachas cloí le samhail an triomaigh intleachta,
an clog, ag imeacht tic, tic, tic – tic – praiseach!

Na Cait

Níl siad ceansaithe agam fós
na cait allta seo mo shamhlaíochta:
cá háit ar threoraigh siad mé le mo linn
na cait dhorcha thostacha seo?
    Go háiteanna atá thar dhroim an domhain:
    go locha tine is fola a mbíonn éanlaithe ildaite
    ag cantaireacht os íseal ar a mbruach
    agus teangacha lasracha mar choróin
    ar a gcloigeann
    ansiúd faoi dhúghorm na síoraíochta:
    go flaitheasa niamhracha is go hifrinn atá
    chomh huafásach sin
    gurb éigean dom mo shúile a chlúdach faoi mo bhosa
    ag guí go ndéanfaí cloch díom
    cloch fhuar gan féith gan éisteacht gan léargas
    go nochtar dom ansin agus na cait á nochtadh dom
    go bhfuil féith is éisteacht is léargas
    ins an gcloch chomh maith
    agus gan teitheadh gan éalú gan fuascailt
    i ndán dom
    faoi luí na gealaí.
Na cait allta seo mo shamhlaíochta
tá siad thart orm i gcónaí
anseo i ndoimhneas na cathrach
áit a bhfuil m'óige á hídiú ag an am
mar bheadh crann á alpadh ag an gcnuimh:
na cait dhorcha
ag imeacht leo i mo thimpeall

istigh faoi spéartha bagracha an gheimhridh
faoi scréachaíl na ngluaisteán faoi shlámóga salacha
slámóga salacha sneachta
atá ag foluain anuas as béal na hoíche
ag foluain anuas 'nós brionglóidí briste
ar an domhan scriosta seo na mbrionglóidí briste
go fras fuaránda folamh fliuch
agus cait gháireata mo shamhlaíochta
ag siúl leo go tostach
ag siúl leo go maorga
ag siúl leo go tarcaisneach
a súile mar lóchrainn
i measc na scál:
scáileanna reoite an chiúnais gan éisteacht
le gleo na cathrach le torann na beatha
gan ann anois ach tost
gan ann ach cait
cait na samhlaíochta.

Seo iad mo chairde
seo iad mo chompánaigh
mise a bhreathnaigh ar an saol
nár cumadh domsa
ar an saol a chuireas ag gáirí
nó ag gol de réir mo thola
ar an saol seo ar thugas siamsa dó
mé ag damhsa os a chomhair ag rince ag cantaireacht
mé ag imirt cleas na míle lúb
mé ag baint gáire as an saol nó bualadh bos.
Caitheamh aimsire an ea?
Ba í fuil mo chroí a bhí ann agus

neart m'óige.
Nach groí grámhar iad
nach lách grámhar iad
nach lách lúcháireach
na fir seo ag breathnú orm
idir aimhreas is fiosracht
na mná uaisle seo
ag cogar ar chúl a lámh
na súile seo ag breathnú orm
na cluasa seo ag éisteacht liom
na bosa seo ag bualadh in aghaidh a chéile
an fuath seo a ghineas?

Tá an samhradh imithe leis
is é an geimhreadh atá ar fáil anocht
agus an chathair fuar folamh,
ach tríd an bhfásach seo na soilse is na scáth
tá na cait do mo threorú.

Séard tá mé a cheapadh
ó tá sneachta ar na leaca
agus cumhracht na Nollag ar an aer
b'fhéidir má ligim do na cait seo
do chait mo shamhlaíochta
mé a threorú níos faide fós
go gcrochfaidh siad leo mé
sa deireadh thiar thall
fiú amháin mise
go dtí an áit a mbeidh radharc agam
ar réaltóg ar lasadh
os cionn stábla íseal lom:

ríthe ar a nglúna ar an tairseach:
agus istigh ansin faoi thuí an dín
maighdean mhánla ina suí go socair
agus leanbh beag óg lena hucht.

Brionglóid Dheireanach Chrazyhorse

He had seen what had happened to the chiefs who went to the Great Father's
house in Washington; they came back fat from the white man's way of living
and with all the hardness gone out of them . . . Now the white man had
bought Little Big Man and made him into an agency policeman.   As
Crazyhorse walked between them letting the soldier chief and Little Big Man
take him . . . he must have tried to dream himself into the real world to escape
the darkness of the shadow world in which all was madness . . .

(Dee Brown)

I

Scéal liom daoibh

Crainn bheannaithe
ar shroich a ngéaga na spéartha
leagtha is athdhéanta ina mílte
teachíní bídeacha.

Aibhneacha soilseacha, gnaíúla
anois deargdhubh
le putóga na gCnoc Dubh.

Bláir fhairsinge, gleannta doimhne,
roinnte ina mílte
gairdíní cúnga.

Éanacha an aeir
imithe thar farraige,
uibheacha an iolair
briste ina smionagar.

Mac tíre tostach
roimh ghealach fhuar, fhuilteach.

Dromanna na gcapall fiáin
lúbtha ag diallait
an chríostaí ramhair.

Cíocha torthúla, boga na mban
clúdaithe roimh fhealsúnacht
an tseanmóirí.

Déithe ársa mo chine
curtha ag eaglais
an tsagairt.

Guaillí crua, bródúla mo chairde
clúdaithe le cótaí gorma
an airm.

Laochra fiáine, uaisle
a throid go cróga ag mo thaobhsa
mar phuipéid an uisce bheatha.

Cnámha ag síneadh
trí chraiceann ghnúis
linbh shnoite

le linn do na mílte huabhall
bheith ag lobhadh
in aer teasaí an bhláir fholaimh.

II

Is cad a dhéanfadh Crazyhorse
dá mairfinn?
Cá rachainn san fhásach seo?
Cá bhfaighinn faoiseamh?

C'áit a gcluinfinn amhránaí
ag canadh faoi na seanchogaí?

Nach bhfuil siad tostach
roimh scréach na ngunnaí?

Is c'áit a gcluinfinn
an druma álainn ag bualadh?

Nach bhfuil siad balbh
roimh thormán na gcos
ag mairseáil?

Is c'áit a gcluinfinn
teangacha milse, míne
na Sioux, Cheyenne, Apache?

Nach bhfuil teanga an choimhthígh
ar a mbéalaibh?

Tá gach rud imithe,
tá an domhan ag druidim.
Níl ann ach brionglóid,
scáth-thír.

Sin mo scéal.

Fornocht do Chonac Thú

Fornocht do chonac thú,
    a áille na háille,
is do dhallas mo shúil
    ar eagla go stánfainn.

Do chualas do cheol,
    a bhinne na binne,
is do dhúnas mo chluas
    ar eagla go gclisfinn.

Do bhlaiseas do bhéal
    a mhilse na milse,
is do chruas mo chroí
    ar eagla mo mhillte.

Do dhallas mo shúil,
    is mo chluas do dhúnas;
do chruas mo chroí,
    is mo mhian do mhúchas.

Do thugas mo chúl
    ar an aisling do chumas.
is ar an ród so romham
    m'aghaidh do thugas.

Do thugas mo ghnúis
    ar an ród so romham,
ar an ngníomh do-chím,
    is ar an mbás do gheobhad.

Eitilt

Ba dhoras ag plaboscailt nó
coinneal thobann ag bláthú sa duibheagán
an meirleachfhocal údan
a chruinnigh isteach sa gcúnglach
fearacht roicéid á leagan
ar leaba láinseála

cúnglach ag cruinneáil
isteach sa leathanach
bhleaisteáil sí léi anonn
ar a turas parabólach
tharcaisnigh díreatas
tholl streoilíní 'gus
sainmhínithe gan áireamh
réab na múnlaí
fágadh buirgéiseoirí
ag gearradh fíor na croise
orthu féin, ag cáineadh
bhaois na hóige

agus cúnglach dá alpadh ag leathanach
is leathanach ag cúnglach
chaolaigh as amharc uilig
i liomatáistí na ciúine
nochtaigh grian scalltach
nár mhair ariamh fós
i súile na ndaoine

ach d'athionól dorchacht
chruinnigh grian úr
isteach sa leathanach
dála bonn nua le teann láimhseála
chaill a ghile
múchadh leathanach sa gcúnglach
athshaolaíodh focal
gona reosheithe
agus thit

anuas agus anuas do thit
roicéad caite ag titim
á shlogadh siar i measc na bhfoirgneamh
faoi shatailt na ndaoine

focal buailte ina luí i láib na sráide
is an doras druidte

Níl in Aon Fhear ach a Fhocal

Is mé ar mo mharana ag faire,
Leabhar Uí Chriomhthainn im láimh,
Ar rince Mhanannáin ilsúiligh
Um chríocha an oileáin –

Tír ghorm ghainéad is ghuairdeall
Go faillte Uíbh Ráthaigh ag síneadh
Is an Cnoc Mór mar chloch chinn
Ar phaidrín mo bhalla críche . . .

'A nae seisean nochtóidh nóiméad ar bith,'
Bhí an Tomás seo ag machnamh,
'Is fillfidh an Tomás eile aneas
Ar a róda goirte ón gCathair.'

Ach má gháireann cuan faoi aoibh na gréine,
Ceann Sreatha is Binn Dhiarmada,
Tá fothrach sramach taobh thíos ag feo
Is níl gáir i gcoileach na muintire;

Tá Tost ina Rí ar gach maoileann abhus
Is tá ceol na ndaoine go follas ar iarraidh;
An gadaí gan ghéim, nár fhan, mo léan,
Ina pholl taobh thiar den Tiaracht,

A réab gan taise thar chuan isteach,
A shealbhaigh gort an bhaile seo,
A strap anuas trí shúil gach dín
Gur shuigh isteach cois teallaigh . . .

Tá sé ag fuireach abhus ó shin;
Chím a scáth faoi scáth gach balla,
Is an chloch á baint ón gcloch aige,
An fhuaim ó gach macalla . . .

Ach má taoi ag déanamh cré sa chill,
A Chriomhthannaigh an oileáin,
Gad do ghinealaigh fós níor bhris
Ó chuiris cor id dhán,

Ó d'íocais deachú an fhocail led nós,
Ó bhreacais caint do dhaoine ar phár,
Strapann do nae fós fál na toinne
Idir Muir na mBeo is Muir na Scál . . .

Tá mise fós ar mo mharana ag faire
Is ó bhuanaigh do dhán a ndáil
Tá sluaite na marbh ag siúl go socair
Ar bhealaí an oileáin.

Is cluintear gáire mná le gaoth
Ag bearnú thost an bháis
Is cluintear gáir an choiligh arís
Ag baint mhacallaí as an ard.

Oisín: Apologia

Cheapamar an réalt
thug saol dár mbrionglóid
gur thaiscigh í
i gcabhail crainn

coll, dair agus beith
do sheas faoi bhláth
i bhfiobha ceoch
i lár an domhain

is nuair a shnámhadh ré
in ard na spéire
nuair d'óladh fíon lá bealtaine
chanadh draoithe
'coll, dair is beith'
is lastaí saol
leis an tine bheannaithe

'nár laetha óir ar mhá meall na séad
níor airigh gaim ag teannadh linn nó
an bás do rinne neamhní dár gcleacht
ach anoir do leath an anachain
anoir aduaidh do leath an fómhar
sciob an réalt is an duille odhar
is thit ár gcrann san anfa

anois, a phádraig,
im dhíriúchas idir-dhá-shaol
im aonarán duairc ar oileán ainnise
canaim im chiúintráth
'coll, dair agus beith'
go ngeiteann crann as
m'fhocla sanaise
an bheatha thadhaill
ar bharr a ghéag
rírá na n-uile
meallta chun séimhe
reann agus ré
'na n-áit cheart

bíonn síth in athréim
i ngleann na scál
sa bhfailmhe poill
i lár an tsaoil

An Mháthair

Ní fíor go bhfeiceann tú os do chomhair
seanbhean liath sheargtha
gan luas géag
ná mire meangan,
tite i bhfeoil.
Bhí mé óg, ach tá mé níos óige –
álainn, tá mé anois níos áille fós.
Nach bhfeiceann tú an triúr?
Gile na finne, na duibhe, na doinne –
mo thriúr mac, mo thriúr Oscar.
Féach an mhaorgacht i mo shúil,
an uaisleacht i mo ghnúis,
an óige,
an áille,
an luas,
an neart,
chuile bhua faoi thrí.
Is triúr fear óg mé,
luathláidir cumasach,
agus fós,
is triúr maighdean mé
i ngrá le triúr ógfhear –
maighdeanacha meidhreacha meangacha,
snadhmaithe i scáilí deoracha úra
aisteacha na coille –
an eala, an fiach dubh, an smólach
ag coraíocht i mo cheann.
Nach bhfeiceann tú na hógfhir

agus na maighdeanacha
agus iad ag caint, ag gáirí
agus ag gabháil fhoinn,
i ngreim láimhe ina chéile
ag dul síos an bóithrín
fada fada síoraí
agus an t-ór ag spréacharnaíl
ar gach taobh díobh?

Ceathrúintí Mháire Ní Ógáin

i

Ach a mbead gafa as an líon so –
Is nár lige Dia gur fada san –
Béidir go bhfónfaidh cuimhneamh
Ar a bhfuaireas de shuaimhneas id bhaclainn.

Nuair a bheidh ar mo chumas guíochtaint,
Comaoine is éisteacht Aifrinn,
Cé déarfaidh ansan nach cuí dhom
Ar 'shonsa is ar mo shon féin achaine?

Ach comhairle idir dhá linn duit,
Ná téir ródhílis in achrann,
Mar go bhfuilimse meáite ar scaoileadh
Pé cuibhrinn é a snaidhmfear eadrainn.

ii

Beagbheann ar amhras daoine,
Beagbheann ar chros na sagart,
Ar gach ní ach a bheith sínte
Idir tú agus falla –

Neamhshuim liom fuacht na hoíche,
Neamhshuim liom scríb is fearthainn,
Sa domhan cúng rúin teolaí seo
Ná téann thar fhaobhar na leapan –

Ar a bhfuil romhainn ní smaoinfeam,
Ar a bhfuil déanta cheana,
Linne an uain, a chroí istigh,
Is mairfidh sí go maidin.

iii

Achar bliana atáim
Ag luí farat id chlúid,
Deacair anois a rá
Cad leis a raibh mo shúil!

Ghabhais de chosaibh i gcion
A tugadh chomh fial ar dtúis,
Gan aithint féin féd throigh
Fulag na feola a bhrúigh!

Is fós tá an creat umhal
Ar mhaithe le seanagheallúint,
Ach ó thost cantain an chroí
Tránn áthas na bpléisiúr.

iv

Tá naí an éada ag deol mo chí'se,
Is mé ag tál air de ló is d'oíche;
An gárlach gránna ag cur na bhfiacal,
Is de nimh a ghreama mo chuisle líonta.

A ghrá, ná maireadh an trú beag eadrainn,
Is a fholláine, shláine a bhí ár n-aithne;
Barántas cnis a chloígh lem chneas airsin,
Is séala láimhe a raibh gach cead aici.

Féach nach meáite mé ar chion a shéanadh,
Cé gur sháigh an t-amhras go doimhin a phréa'cha;
Ar láir dhea-tharraic ná déan éigean,
Is díolfaidh sí an comhar leat ina séasúr féinig.

v

Is éachtach an rud í an phian,
Mar chaitheann an cliabh,
Is ná tugann faoiseamh ná spás
Ná sánas de ló ná d'oích' –

An té atá i bpéin mar táim
Ní raibh uaigneach ná ina aonar riamh,
Ach ag iompar cuileachtan de shíor
Mar bhean gin féna coim.

vi

'Ní chodlaím ist oíche' –
Beag an rá, ach an bhfionnfar choíche
Ar shúile oscailte
Ualach na hoíche?

vii

Fada liom anocht!
Do bhí ann oíche
Nárbh fhada faratsa –
Dá leomhfainn cuimhneamh.

Go deimhin níor dheacair san,
An ród a d'fhillfinn –
Dá mba cheadaithe
Tar éis aithrí ann.

Luí chun suilt
Is éirí chun aoibhnis
Siúd ba chleachtadh dhúinn –
Dá bhfaighinn dul siar air.

Jack

Strapaire fionn sé troithe ar airde,
Mac feirmeora ó iarthar tíre,
Ná cuimhneoidh feasta go rabhas-sa oíche
Ar urlár soimint aige ag rince.

Ach ní dhearúdfad a ghéaga im thimpeall,
A gháire ciúin ná a chaint shibhialta –
Ina léine bhán, is a ghruaig nuachíortha
Buí fén lampa ar bheagán íle . . .

Fágfaidh a athair talamh ina dhiaidh aige,
Pósfaidh bean agus tógfaidh síolbhach,
Ach mar conacthas domhsa é arís ní cífear,
Beagbheann ar chách mar 'gheal lem chroí é.

Barr dá réir go raibh air choíche!
Rath is séan san áit ina mbíonn sé!
Mar atá tréitheach go dté crích air –
Dob é an samhradh so mo rogha 'pháirtí é.

Ag Tiomáint Siar

Labhrann gach cúinne den leathinis seo liom
ina teanga féinig, teanga a thuigim.
Níl lúb de choill ná cor de bhóthar
nach bhfuil ag suirí liom,
ag cogarnaíl is ag sioscarnaigh.

Tá an Chonair gafa agam míle uair
má tá sé gafa aon uair amháin agam.
Fós cloisim scéalta nua uaidh gach uile uair,
léasanna tuisceana a chuireann
na carraigreacha ina seasamh i lár an bhóthair orm
faoi mar a bheadh focail ann.

Inniu tá solas ar Loch Geal
á lasadh suas mar a dheineann an Cearabuncal
uair gach seachtú bliain nuair a éiríonn seal
aníos go huachtar na loiche is croitheann
brat gainní dhi. Bailíonn
muintir na háite na sliogáin abhann seo mar bhia.

Is ar mo dheis tá Cnocán Éagóir
mar ar maraíodh tráth de réir an scéil
'seacht gcéad Seán gan féasóg'
is na Sasanaigh ag máirseáil ar Dhún an Óir.
As an gceo

nochtann leathabairt díchéillí a ceann –
'nóiníní bána is cac capaill.'
Scuabann a giodam rithimiúil
síos isteach 'on Daingean mé.

An Bhatráil

Thugas mo leanbhán liom aréir ón lios
ar éigean.
Bhí sé lán suas de mhíola is de chnathacha
is a chraiceann chomh smiotaithe is chomh gargraithe
go bhfuilim ó mhaidin ag cur céiríní teo lena thóin
is ag cuimilt *Sudocream* dá chabhail
ó bhonn a choise go clár a éadain.

Trí bhanaltra a bhí aige ann
is deoch bhainne tugtha ag beirt acu dó.
Dá mbeadh an tríú duine acu tar éis tál air
bheadh deireadh go deo agam leis.
Bhíodar á chaitheamh go neamheaglach
ó dhuine go céile,
á chur ó láimh go láimh, ag rá
'Seo mo leanbhsa, chughat do leanbhsa.
Seo mo leanbhsa, chughat do leanbhsa.'

Thángas eatarthu isteach de gheit
is rugas ar chiotóg air.
Thairrigíos trí huaire é tré urla an tsnáith ghlais
a bhí i mo phóca agam.
Nuair a tháinig an fear caol dubh romham
ag doras an leasa
dúrt leis an áit a fhágaint láithreach
nó go sáfainn é.
Thugas faobhar na scine coise duibhe
don sceach a bhí sa tslí
romham is a dhá cheann i dtalamh aige.

Bhuel, tá san go maith is níl go holc.
Tá fíor na croise bainte agam
as tlú na tine
is é buailte trasna an chliabháin agam.
Is má chuireann siad aon rud eile nach liom
isteach ann
an diabhal ná gurb é an chaor dhearg
a gheobhaidh sé!
Chaithfinn é a chur i ngort ansan.
Níl aon seans riamh go bhféadfainn dul in aon ghaobhar
d'aon ospidéal leis.
Mar atá
beidh mo leordhóthain dalladh agam
ag iarraidh a chur in iúl dóibh
nach mise a thug an bhatráil dheireanach seo dó.

Geasa

Má chuirim aon lámh ar an dtearmann beannaithe,
má thógaim droichead thar an abhainn,
gach a mbíonn tógtha isló ages na ceardaithe
bíonn sé leagtha ar maidin romham.

Tagann aníos an abhainn istoíche bád
is bean ina seasamh inti.
Tá coinneal ar lasadh ina súil is ina lámha.
Tá dhá mhaide rámha aici.

Tarraigíonn sí amach paca cártaí.
'An imreofá breith?' a deireann sí.
Imrímid is buann sí orm de shíor
is cuireann sí de cheist, de bhreith is de mhórualach orm

gan an tarna béile a ithe in aon tigh,
ná an tarna oíche a chaitheamh faoi aon díon,
gan dhá shraic chodlata a dhéanamh ar aon leaba
go bhfaighead í. Nuair a fhiafraím di cá mbíonn sí

'Dá mba siar é soir,' a deireann sí, 'dá mba soir é siar.'
Imíonn sí léi agus splancacha tintrí léi
is fágtar ansan mé ar an bport.
Tá an dá choinneal fós ar lasadh le mo thaobh.

D'fhág sí na maidí rámha agam.

I mBaile an tSléibhe

I mBaile an tSléibhe
tá Cathair Léith
is laistíos dó
tigh mhuintir Dhuinnshléibhe;
as san chuaigh an file Seán
'on Oileán
is uaidh sin tháinig an ghruaig rua
is bua na filíochta
anuas chugham
trí cheithre ghlún.

Ar thaobh an bhóthair
tá seidhleán
folaithe ag crann fiúise,
is an feileastram
buí
ó dheireadh mhí Aibreáin
go lár an Mheithimh,
is sa chlós tá boladh
lus anainne nó camán meall
mar a thugtar air sa dúiche
timpeall,
i gCill Uraidh is i gCorn an Liaigh
i mBaile an Chóta is i gCathair Boilg.

Is lá
i gCathair Léith

do léim breac geal
ón abhainn
isteach sa bhuicéad
ar bhean
a chuaigh le ba
chun uisce ann,
an tráth
gur sheol trí árthach
isteach sa chuan,
gur neadaigh an fiolar
i mbarr an chnoic
is go raibh laincisí síoda
faoi chaoirigh na Cathrach.

Leaba Shíoda

Do chóireoinn leaba duit
i Leaba Shíoda
sa bhféar ard
faoi iomrascáil na gcrann
is bheadh do chraiceann ann
mar shíoda ar shíoda
sa doircheacht
am lonnaithe na leamhan.

Craiceann a shníonn
go gléineach thar do ghéaga
mar bhainne á dháil as crúiscíní
am lóin
is tréad gabhar ag gabháil thar chnocáin
do chuid gruaige
cnocáin ar a bhfuil faillte arda
is dhá ghleann atá domhain.

Is bheadh do bheola taise
ar mhilseacht shiúcra
tráthnóna is sinn ag spaisteoireacht
cois abhann
is na gaotha meala
ag séideadh thar an Sionna
is na fiúisí ag beannú duit
ceann ar cheann.

Na fiúisí ag ísliú
a gceanna maorga
ag umhlú síos don áilleacht
os a gcomhair
is do phriocfainn péire acu
mar shiogairlíní
is do mhaiseoinn do chluasa
mar bhrídeog.

Ó, chóireoinn leaba duit
i Leaba Shíoda
le hamhascarnach an lae
i ndeireadh thall
is ba mhór an pléisiúr dúinn
bheith géaga ar ghéaga
ag iomrascáil
am lonnaithe na leamhan.

Slán Chughat Thoir

Mo shlán chughat thall anocht
   A fhir doghníodh
An cumann liom abhus
   Thar cumann Naois!

Fásach an chúil úd thíos
   'Na mbínn id dháil
Tráth cogarnaí an chroí
   Le linn na mbláth.

Ní clos dom ilcheol caoin
   Anois um neoin,
Ach garbhghuth na bhfiach
   Ag aragóint:

Nó achrann sruth is seisc
   Go lá na mbreath
In ionad suilt is seift
   Is iomad cleas.

Ainnis do chumann liom
   Dá réir, a fhir,
Gan toradh do bhéil anocht,
   Mo shlán chughat thoir!

An Chéim Bhriste

Cloisim thú agus tú ag teacht aníos an staighre. Siúlann tú
ar an gcéim bhriste. Seachnaíonn gach éinne í ach siúlann
tusa i gcónaí uirthi.

D'fhiafraigh tú díom céard é m'ainm. Bhíomar le chéile is
dúirt tú go raibh súile gorma agam.

Má fheiceann tú solas na gréine ag deireadh an lae is má
mhúsclaíonn sé thú chun filíocht a scríobh . . .
                    Sin é m'ainm.

Má thagann tú ar cuairt chugam is má bhíonn fhios agam gur
tusa atá ann toisc go gcloisim do choiscéim ar an staighre . . .
                    Sin é m'ainm.

Dúirt tú gur thuig tú is go raibh mo shúile gorm. Shiúil tú
arís uirthi is tú ag imeacht ar maidin.

Tagann tú isteach sa seomra is feicim ó do shúile go raibh tú
léi. Ní labhrann tú ná ní fhéachann tú ar mo shúile. Tá a
cumhracht ag sileadh uait.

Tá an chumhracht caol ard dea-dhéanta is tá a gruaig fada
agus casta. Cloisim thú ag insint di go bhfuil a súile gorm is
go bhfuil tú i ngrá léi.

Osclaím an doras agus siúlann tú amach.

D'fhéadfá é a mhíniú dhom a deir tú. Dúnaim an doras.

Ní shiúlann tú uirthi. Seachnaíonn tú an chéim bhriste. Ní shiúlann éinne ar an gcéim bhriste. Déantar í a sheachaint i gcónaí.

Réadúlacht

Oscail na dóirse, caith suas na dallóga
Bain na bóltaí den gheata
Bain an laincis de mo chapall
Agus nuair a bheidh deoch fhada fíoruisce
Slogtha siar i mo scornach stiúctha,
Mo scámhóga lán chun an léim a chaitheamh,
Rachad féin agus mo chara
Le stiúir an tsriain
Baint cheoil as clocha.

Ní fhanfam go critheaglach
Le huisce an locha a bhrath;
Tá sé fuar agus domhain, agus dorcha ina lár.
Rachad féin agus mo chapall
Go dána ón bhruach ina chuilithe;
Géillfidh an chéad ghrinneall
Agus céadghoin shleá an fhuachta,
Beimid buach sa snámh
Fairsinge an locha agus an chroí mar aon
In eolas agus grá.

Cad is fiú imirt na bhfiacal ar theacht i dtír?
Cúr na habhann.
Géire an tsúil anois gan faichillí
Doimhne an anál tar éis úire an uisce
Airde-de an spiorad an gníomh creidimh.
Sinn ag éirí
Te teolaí
Agus cóta mo chapaill ag glioscarnaíl.

Ag rince a chuirfeam na clocha anois
Agus le sciatháin an áthais
Seolfam thar bhallaí
Trí chruamhachairí
Cur teachtairí gáire chun máthar an chruatain
Agus fir leasaithe carraig
Go bhfuil gléas a bhfaoisimh i mbroinn an locha
Is go gcaithfidh siad tumadh.

Sicisintiséis

Taoi ag glacadh bliain shabóideach!
Maith an rud gur bhriseas an tsreang imleacáin
Le snap tola i bhfad ó shin
Gan buíochas duit.
Tusa bhí chomh deimhnitheach
Go mbeifeá 'ann'!
Nach tú bhí id dhia beag agam anois
Is mórchomhacht agat (rud a bhí)

Nach mó deargsholas tráchta nach bhfacas
Is mé ar mire ad adhradh
A Bhaidhb,
A bhí chomh chomh foirfe, chomh 'hann'
Níos 'ainne' ná mar bhí aon mháthair riamh
Dar liomsa.

Thugais criáin is páipéar don bhunóc
Lena smaointe léiriú.
Falla suiminte is tusa laistiar de –
Tú chomh saor le gála gaoithe
Is an stiúir chéanna fút.
Mise, im chrogall
Ag iarraidh teacht thar an bhfalla chugat
Sa dóigh go nglacfá liom idir chorp is chraiceann
('Crogaillín deas!')
Dá snapfainn m'fhiacla féin
Ní fhéadfainn breith ort, a ghála gaoithe,
Atá ag glacadh bliain shabóideach
Amuigh i Meiriceá.

An mó beithíoch eile a chruthaigh tú
Led dhraíocht dhiablaí?

Capaill na bpláigh, leoin,
Beacha, deargadaoil . . .
Beidh siad siúd uile ag feitheamh ort
Nuair fhillfidh tú id spéirling
Cés moite den chrogall,
A bheidh faoi loch . . .

Guí an Rannaire

Dá bhfeicfinn fear fásta as Gaeilge líofa
Ag cur síos go sibhialta ar nithe is ar dhaoine,
Ar mheon is ar thuairimí i ráite an lae seo
Soibealta sómhar soicheallach saolta,
Bheinn an-sásta a theagasc a éisteacht:
     File fiáin fearúil feadánach,
     Bard beo bíogach bríomhar bastallach,
     Pianta paiseanta peannphágánach.

Arú, mo chreach, cad é an fhírinne?
     Státseirbhísigh ó Chorca Dhuibhne
     Bobarúin eile ó chladaigh Thír Chonaill
     Is ó phortaigh na Gaillimhe, mar bharr ar an donas!
     Gaeil Bhleá Cliath faoi órchnap Fáinní,
     Pioneers páistiúla pollta piteánta,
     Maighdeana malla maola marbhánta,
     Gach duine acu críochnúil cúramach cráifeach.

Dá dtiocfadh file ag séideadh gríosaí,
Rachainn abhaile, mo ghnó agam críochnaithe.

Raiftearaí agus an File

File
A Raiftearaí, a fhile, dá mairfeása tuilleadh
Le go mbeinnse agus tusa le chéile,
Cé againn an file nó an fhilíocht ba bhinne?
Ba cheist í a bheadh doiligh le réiteach.
Mise agus tusa a bheith ag iomaíocht sa gcluiche
Agus an bheirt againn ag an Scoil Éigse,
Thabharfainn mo mhionna nár ba mise ba dhona
Nuair a thabharfadh an réiteoir a léirmheas.

Raiftearaí
Is mise an file agus ní fhacas léargas na cruinne
Agus tá mise le blianta sa gcréafóig;
Cén t-údar, a dhuine, go luafá m'ainm is mo shloinne
Óir ní raibh cuireadh ná coinne againn le chéile?

File
Gabhaim pardún, a fhile, nó a thaise de dhuine,
An bhfuil do thriall siar go Scoil Éigse?
Beidh buille in aghaidh buille agus file in aghaidh file,
Is gabhfaidh an bheirt againn i gcúnamh dhá chéile.
Beidh fáilte is fiche romhat ag gach duine,
Beidh buideál agus gloine le chéile againn.
Beidh fáidh agus file is na ceoltóirí is binne
Ar fud na cruinne le chéile.
Seas go teann gan beann ar aon duine
Is ná tabhair do chúl don lucht éisteacht';
Tosóidh mise sa bhfilíocht is cliste
Agus críochnóidh tusa gach véarsa.

Raiftearaí
Ní fhaca mise áilleacht na cruinne,
Ní fhacas grian, gealach, ná réalta;
Ní fheiceann mise na nithe fheiceas tusa
Agus cén chaoi a gcríochnóinn do véarsa?

File (Ag socrú Raiftearaí)
Seas mar atá mise agus tabhair aghaidh ar gach duine
Is lig ort gur b'shin é an réiteoir.
Ansin déarfaidh mise, 'Seo é Raiftearaí an file',
Agus tosóidh muid beirt ar a chéile.
(*Leis an lucht éisteachta*)
'Seo é Raiftearaí an file'.

Raiftearaí
A bhí ann, ach a d'imigh
Agus atá anois ag na cruimhe is na péistí.

File
Cé againn is binne.

Raiftearaí
Mé féin nó mo dhuine?

File
Fág freagra na ceiste ag an réiteoir.

Raiftearaí
Ní raibh fear ar do chine, ar d'ainm ná do shloinne
A thabharfadh dúshlán ar fhile gan léargas.

File

Céard faoi Mherriman, a dhuine, nárbh fhearr é ná muide?
Céard faoi Tennyson, Shelley agus Shakespeare?

Raiftearaí

Milton, a dhuine, Séamas Dall agus mise,
Triúr nach bhfaca áilleacht an tsaoil seo;
Taoille trá is taoille tuile nár ba linne ba bhinne,
Ach an rós ná an lile níor léir dúinn.
An chuach ar stuaic binne agus an samhradh ag filleadh
Is na huain ag macnas is ag méileach;
Mo chrá géar, a Mhuire, nár thug do Mhac léargas dúinne
Mar thug Sé do Shelley is do Shakespeare.

File

Mara bhfaca tusa áilleacht na cruinne
Séard thú ná file a bhí bréagach;
Sí Máire Ní Eidhlin an pabhsae ba ghile
Dar chuir file ariamh ina véarsa.

A leaca ba chruinne ná clocha i mbéal toinne
Agus a guth ba bhinne ná an chéirseach;
Ach nach gcuala muide go mba stróinse í de dhuine
A bhí ag lorg fear óg le hí a bhréagadh.

Stróinse de dhuine a thug deoch dhuit i ngloine
Is anois molaimse go haer í
Mar Iúdás nuair a thréig sé Mac Mhuire
I ngeall ar luach cúpla péirse.

Raiftearaí

Stróinse de dhuine a thug deoch dhom i ngloine
Is go deimhin mhol mise go haer í;
An rud céanna a dhéanfas tusa má fhaigheann tú trí ghiní,
Is maith a mholfas tú Conradh na Gaeilge!
Ní uisce faoi thalamh ná brathadóir mise
Ach file le fuil agus cnámha;
Buíochas le Dia nach bhfuil mise mar thusa
Píoláit ag níochán a lámha.

File

Síleann an dall gur míol é gach meall
Is go bhfuil gangaid ina lán de mo véarsaí;
Ní chumfása dán mara mbeadh gloine agat is í lán
Agus cailín deas óg le hí a bhréagadh.

Raiftearaí

Chum mise dán is ní raibh an tOireachtas ann,
An Chomhdháil ná Conradh na Gaeilge;
Ach níor scríobh mé an dán, mar níor theastaigh uaim peann
Ní raibh maith ar bith dom ann ceal léargas.
Chum mé mo rann ag siúl cnoc, sliabh is gleann
Is mo chroí istigh lán leis an uaigneas;
Ba chuma as nó ann dhom an ghealach is í lán,
Bhí an oíche is an lá mar a chéile.

Ó nach uaigneach is nach mall mar imíos an t-am,
Nuair atá an oíche is an lá mar a chéile;
Don té atá ina dhall is ionann dath do gach ball,
Bíonn an dubh agus an bán mar an gcéanna.

File

Nuair a chum tusa dán ní raibh an tOireachtas ann,
Ní raibh duais as dán, as rann, ná as véarsa;
Bhí filí gann, mar ní raibh comórtas ann
Ag Dámh-Scoil ná ag Scoil Éigse.

Ach anois cuir i gcás nach bhfuair tusa bás
Is go mbeinnse is tusa in aghaidh a chéile,
Ó Direáin is Maude is de Bhailís a fuair bás,
Cé b'fhearr thú ná Ó Ríordáin is an méid sin?

Raiftearaí

Níl aon chur i gcás, mar ní bhfuair Raiftearaí bás,
Ach maireann a cháil ar fud Éireann;
Nó go bhfeice na daill, ní thréigfidh mo cháil
Is beidh meas ag Críoch Fáil ar mo véarsaí.
An bhfeiceann tú an ail a chlúdaíonn mo chnámh?
Is nach trua, nach trua dom an scríbhinn!
Greanta san ail tá m'ainm is mo cháil
Ag Uachtarán Chríoch Fáil, An Craoibhín.
Ó, tá milliúnaí cnámh sa reilig sin thall,
Tá bodhar, bacach is dall ann in éineacht;
Níl a n-ainm ná a gcáil greanta ar ail,
Tá siad uilig chomh dall lena chéile!

File

Deirtear gur fearr an té a chum ná an té a cháin,
Ach is iondúil go gcáintear an scríbhneoir.
Fuair Sean-Phádraic bás i ngan fhios do chách,
Cuireadh bráillín an bháis ina thimpeall.

Fuair Sean-Phádraic bás gan bean, leanbh, ná clann
Lena chur os cionn cláir ná é a chaoineadh;
Ní raibh lena ais ar an gclár ach píopa cailce leathlán,
Sparán agus píosa trí pingne.
Nach bocht an cás is nach náireach le rá
In Oileán na Naomh is na mBard mar an tír seo
Go bhfaigheadh Sean-Phádraic bás gan luach deoch an bháis,
Nach é fhéin a scríobhfadh an píosa air!

Raiftearaí
Achainí ghearr is ná heitigh mé féin,
Ach faigh cónra agus bailigh le chéile
A bhfuil fágtha ag cruimhe de Raiftearaí an file,
Tabhair leat é is cuir é sa nGaeltacht.
I gciúnas na cille, na bpéist is na cuile,
Cloiseadh aríst an Ghaeilge,
A briathra ba bhinne, a béimniú ba ghlaine,
Is ársaí ná teanga na Gaeilge.
(Glaonn an coileach)
Sin deireadh le mo spás táim ag teastáil ón mbás,
Ach feicfidh mé i bPárthas arís thú;
Go raibh lorg do láimhe ar litríocht Chríoch Fáil,
Is go maire do cháil is tú sínte.

File
Sochraide Stáit a chuirfear ar fáil
Is tabharfar ba bodhra as coillte ar fud Éireann;
Beidh gach fáidh is file dar chum ariamh dréachta,
Chun tú a thionlacan siar go dtí an Ghaeltacht.
Beidh tine ar gach cnocán, gach sliabh is gach crompán,
Is bainfear macalla as Cnoic Bheanna Beola;

Beidh complacht scaird piléar is toscaire ón gConradh
Is bratach an Náisiúin ar do chróchar.
Beidh Mac Liammóir, Ó Ríordáin, Ó Direáin is mise
Ag cumadh, ag casadh is ag véarsaíocht;
Beidh Raiftearaí an file á thabhairt chun na cille
Is á chur i measc uaisle breá Gaelach.
In am marfach na hoíche is an ghealach ina suí
Ansin tiocfaidh mise i m'aonar,
Beidh muid ag cogar is ag caoi ar feadh na hoíche
Is beidh troid na mba maol againn le chéile.

Préludes
(Ómós do Claude Debussy, 1862-1918)

Voiles

Trí chaillí corcra na maidne
Tá díonta is simléirí na cathrach
Lasta go hildathach
Faoi chéadsholas an lae,
Mar thúir is mar chruinneacháin
Chathrach ársa éigin i seanascéal ón Aráib:
Cathair a bhfuil na ceannaithe
Ag bailiú isteach ina margadh,
A gcamaill lastaithe go luachmhar
Le hór, le péarlaí, le samargaidí,
Le clóibh, le cainéal, le spíosra,
Le seálanna is le cairpéidí,
Earraí ó chósta Bhasra,
Ó Bhagdaid is ó Shamarcaind,
Ainmneacha a chuireann an tsamhlaíocht faoi gheasa
Chomh daingean le hortha dhraíochta de chuid na *jinn*:
Cathair ina mbeidh Al Raisíd faoi bhréigriocht
Ag éaló amach go hoíchiúil ag lorg grinn
Is ina gcloisfeá gáir chráifeach na *múezzín*
Ag glaoch na dtrátha ón miontúr.
Ach nuair ardaíonn na caillí
Feictear an tseanachathair ársa
Ar an Life cois an chuain,
A bhfuil a scéal chomh hiontach
Le heachtraíocht Sharazad.

Les sons et les parfums tournent dans l'air du soir

Canann an lon ón úllchraobh
Atá go fóill faoi bhláth,
Sneachta cumhra an tsamhraidh
Fós gan leá.
Tá an daol ag casadh
A chiúindhoird go sámh.
Trom é aer na hoíche
Le milseacht na mbláth.
Casann an fhuaim is an mhilseacht
Ina chéile san aer
Mar phointe is mar chontraphointe,
Mar dhlúth is mar inneach fite
Ina siansa is ina dtaipéis.

Le vent dans la plaine

Marcshlua garg na gaoithe
Trasna na má ag síneadh,
Ag réabadh na gcraobh is an uisce
Faoi bhuillí a n-eachlasc rábach.

Loingeas garg na gaoithe
Ar mhuir an fhéir ag siabadh,
Á únfairt is á shuathadh
Le buillí na maidí rámha.

Tromdháimh gharg na gaoithe
Ag reacaireacht go míbhinn,
Ag líonadh an aeir le huafás
Trí dhanarthacht a ndán.

Des pas sur la neige

Coiscéimeanna sa sneachta
Go neamhbhuan im dhiaidh.
Faoi bhoganáil na gaoithe
Éagfaidh siad gan rian.
Beidh gearrshaol mar a saolsan
Ag mo ghníomhartha im dhiaidh
Is gan fhios ag sliocht mo shleachta
Go raibh mo leithéid ann riamh.

Prélude à l'aprés-midi d'un faun

Faun ag seinm píbe
Ó scáth grianbhreac na n-ológ
Faoi ghlinnspéir na Gréige
I meirbhe na nónach;
Ag fí téide an bhinnis
Go mbíonn an t-aer ina chime
Faoi laincisí an cheoil.
Smaoiníonn sé faoin ngrá
Is faoi mhianta rúnda a chroí:
Béithe na coille ag rince,
Diana ag folcadh sa choill,
Afradaíté ón gcúrán ag éirí.

Tá ré na ndéithe caite.
Tá an garrán naofa ar lár
Is níl ina scéalta
Ach pisigeoireacht amadáin.

Ach fós i gcroíthe na leannán
Seinntear píob an *faun*,
Ag fí téide an bhinnis
Go mbíonn an t-anam ina chime
Faoi laincisí an ghrá;
Is rinceann na béithe coille,
Suíonn Diana cois linne
Is éiríonn Afradaíté go nua ón gcúrán.

Tá Ealaín ins an Mhóin

Sleán thar do ghualainn, a chara, lean ort
suas bóthar dubh ag lúbadh
i dtreo na spéire thuas,
agus bóthar dubh, agus bóthar dubh,
agus iad ag casadh lena chéile
taobh le moll mór cloch beag:
seas agus fiafraigh.
Portach, sléibhte agus farraige thall
na háilleachta uilig agus éist:
'Ní líonfaidh an áilleacht an bolg.'
Seas agus fiafraigh, díot féin más gá,
cén fáth nach mbeathaíonn na focail anall
ár n-aigne, cén dóigh a gcasfaimid le
sléibhte Choinn Uí Dhomhnaill agus
éan beag na manach? Cosmhuintir
na mbailte fearainn muid nach dtuigeann
ach réaltacht dhíreach an tsaoil.
Seas agus fiafraigh:
cum duit féin d'éan beag
agus gearr na sléibhte as an phortach.

Inbhear

Anseo a rinne do phrintíseacht
I mbealaí beaga an bháis.
Cnocán feidheartha, leic is criathrach,
Is áit na nGaorach, muintir mo mháthar,
Teach is garraí cúng ag tabhairt dúshláin
Urláimh bhuanúil an fhiántais.

B'iondúla ná a mhalairt é gruama fliuch,
Anois ag cuimhniú air,
Nuair a thagadh an bheirt againn
Lenár máthair ar an mbus maidin Shathairn,
Málaí teann le uibheacha is sólaistí
Don tseanmháthair a bhí fós cruachúiseach.

Dúiche seandaoine ab ea é againn.
Caorán nach samhlófá go deo leis
Gáire ná proinceadh gasúr.
Ach bhíodh muide inár bprionsaí
Ag uncail, aint is seanmháthair
Nó comharsa mhuinteartha a chasfaí isteach.

Bhíodh bís orainn ach scáth ina orlaí tríd
Ag dul soir ar cuairt
Tigh Mháire Mháirtín, a raibh siopa beag aici.
An creathadh a bhí uirthi a scanraíodh muid,
Chuile fhocal ar forbhás gur dhoiligh
Iad a fhastú sula sleamhnaídís.

Ach bhí fhios againn go maith ó thaithí
Nár bhuan na piorraíocha,
Mar ag teannadh le am imeachta
Théaltaíodh sí don tsiopa amach
(Ní mórán a choinníodh sí) is isteach
Le éadáil cácaí milse, brioscaí, bairíní . . .

In Inbhear labhraídís go srianta
Amhail a bheadh rún á cheilt
Nó drochdhán ag bagairt nár shona
Caidéis dó. Is tráth a gcasadh bus
Cloch Bhiorrach tráthnóna, áirgiúil faoi sholas,
Ba neach beo é ionann's dár saoradh.

Uchtóga

Sa bhfómhar a chuaigh muid
Triúr i gcriathrach
Ag baint deasú tí is sciobóil den fhiontarnach.

Le stracaí glan na taithí
Chruthaigh m'athair carnáin,
Is bhailigh mise is mo mháthair le barainn,

Dá fáisceadh in' uchtóga –
Cúig cinn a rinne ualach –
Gur chóirigh iad ar bruach cois Átha Íochtair.

Bhí briotaíl aisteach sa gcomhrá
An lá úd mar b'eol dúinn triúr
An ghile ag éag is an ghrian

Ag cailleadh an chatha;
Bhraith muid críoch is scarúint
Is mise ar thob eang eile a chur sa gcinniúint.

Ní mé céard a mheall mé
Siar trí rosamh na mblian
Don chriathrach cúlráideach sa ngleann,

Ach tá na huchtóga
Ag éamh le tamall –
An fhead ón speal, an fuadar ciúin, is an crapadh.

Beairtle

XXXVII

Músclaíonn na Maoilíní na paisiúin i mBeairtle.
Is nuair a bhíonn sé imithe ón mbaile
Bíonn maolchnoc is maoilín, droim is droimín
Ag déanamh deibhí scaoilte ina aigne.
Éiríonn a chroí le haoibhneas mar éiríonn an ghaoth ar na Maola,
Is mar scaipeas an ceo ar Sheana Fhraochóg.
Cloiseann sé arís fead naosc is grág chearc fhraoigh an tsléibhe
Ar na Maoilíní cuanna caomha
Is bíonn ríméad air dá n-éisteacht.
Caitheann sé séapannaí is éiríonn sé *macho*
Is buaileann sé cois ar sheanphoirt Chonamara.
Titeann ceo draíochta ina chornaí míne ar an nglaschloch . . .
Músclaíonn na Maoilíní na paisiúin
Is bíogann an croí le mórghrá don bhaile.
Bíonn díonbhrat na Bóirne tríd an gceo
Ar nós dílphóg mná óige dá mhealladh.
Tagann vaidhbeannaí aoibhnis ón tír thiar chuige
Is tig bhéarsaí grá chun a bhéil,
Is nuair a thiteann an codladh céadtach ar a chéadfaí
Bíonn fuadach faoina chroí
Ag brionglóidigh faoi na Maoilíní.

XLVII

De ghlaschloch an oileáin é Beairtle.
Ní fálróid ná spaisteoireacht
Ach obair dhanra é seo a dhéanann sé . . .
Toradh a bhaint as an talamh cnapánach, cnocánach, droimneach,
Achrannach, aimhréiteach, coilgneach, garbh seo,
Lena gcaitear dúthracht,
Lena gcuirtear allas,
Lena mbaineann pian is fulaingt.
Crannmhar tráth;
Níl ann anois ach sceacha is driseachaí,
Is giúsach ina luí go domhain sna portaigh.

'Tarraing a'd! Tarraing a'd!
Bí sa mbaile,' a deireann sé.
Tá na sinsir tábhachtach is na páistí
Mar slánaíonn siad an cine.
Ní bhíonn mórán foighde ag Beairtle leo,
Ach forrú, driopás, is deifir an tsaoil air.
'As ucht Dé oraibh is déanaí rud eicínt ceart,
A chloigeann cruacháin, ós tusa é!
Tá sé millte agaibh arís.
Fágaí sin! Fágaí sin!' Is téann sé tríothu ar nós Fathach na gCúig
    gCeann . . .
'Leag Dia lámh ar an áit,' deir muintir an Achréidh,
'Is chuir aineamh is marach air.'
Ach tá a áilleacht féin aige sin freisin.
'Tús na breithe ag Mac Dé!'
Tréad caorach, mada caorach is banrach aige ar na sléibhte.
Cúite coilgneacha ag glinniúint amach as na háiteacha is na
    sloinnte mórthimpeall.

Connacht, Conamara, Conraoi is Conceanainn,
Conchúir, Confhaola, Conaire is Conshnámha.
Ceol mór é seo –
Oghamcheol, éanogham, muirogham, ceartogham . . .
Éisteann na gasúir leis an seanchas ar an teallach ó Mheiriceá is
    ó Shasana.
Lámha gágacha crannraithe,
Eitrí san aghaidh ídithe lioctha,
Dath na gréine is na gaoithe ar a chraiceann.

Ar dhaoine gan déantús maitheasa tosaíonn sé ag eascainí . . .
'Bíonn fonn orm imeacht sna tincéirí leath na gcuarta,' deir sé féin
    ag magadh.
Ach seobh é an duine a d'fhan
Is a d'fhág a lorg ar thalamh is ar thrá,
Nár lig a chuid leis an strainséara.
Lena 'muise, by dad, ab ea? Ag baint lá amach . . .
Cén chaoi a bhfuil tú fhéin?
Ag strachailt leis an saol a bhíonns muid.'
Mar a shnoífí as an nglaschloch é.
Bliain i ndiaidh bliana
Le comhcheol an lae chrua
Seasann sé an fód.
Coinníonn sé leis.
Anois tá na fataí bainte.
Tá an mhóin sa mbaile.
Tá an féar sábháilte.
Tá na stucaí ceangailte.
Tá dán ar a shaol . . .
Siúd séan air!

Toghadh na bhFataí

Sa nGarraí Cúinneach a bhíodh na Cualáin ag toghadh na bhfataí,
Bhíodh allagar cainte acu
A chuireadh alltacht orm is mé i mo ghasúr.
Mar bhí farraigí an domhain siúlta aige
Bhíodh Ruaidí chun tosaigh.
Bhí sé sa nGunna Mór agus i nGardaí an Rí
Bhí culaith ghaisce aige ar chuile shórt
Agus scríobhfadh sé Táin an bhaile, mo choinsias!
Is chuirfeadh i gcló
Dá bhfaigheadh sé saol.
Bhíodh tomhaiseanna aige le cur faoi mo réir:
'Cé mhéid slat deataí a dhéanfadh unsa súiche?' ar sé.
Bhínn díomúch go maith nuair nach mbínn in ann a bplé.
'Ní folair duit tuilleadh blianta a chaitheamh sa gColáiste Mór
Le cur ar do shon féin is ar shon an tsaoil mhóir.'
'Cuirfidh muid na criocháin i leataobh
Agus baileoidh muid na cinn mhaithe,'
Amhail uingí óir aige na fataí móra geala.
Is thagadh aoibh an tsonais ar a aghaidh á láimhseáil.

Ghlanadh sé an chré díobh
Is d'fheicinn na súile glórmhara
Ag breathnú amach orm ag gáire.
. . . Streachláin fhada . . .
Arm faoi éide, cheapfá,
I gcroí an iomaire . . .
Nuair a bhíodh buicéad líonta aige
Chaitheadh sé isteach sa bpoll iad

Agus thosaíodh sé air amanta sna 'jourdains' mhóra a bhíodh air
Ag damhsa is ag leipreach ar an iomaire
Ag feadaíl 'an Salamanca' nó na 'Bucks of Oranmore'.
Amanta ní bhíodh focal as . . .
Drochfhata – fata péisteach b'fhéidir.

Ghoineadh a aire é
Chruinníodh na fabhraí dubha sin ar a chéile
Is cheapfá gur múr a bhí ag tíocht aniar thar an gCaoláire.
Mar bhíodh sé ag aithris scéalta dom faoina athair
A fuair bean mharbh is a páiste ar a brollach ag Staighre na Ceapaí
An brollach ite aisti leis an ocras . . .

Bhraithfeá an anachain ag dul timpeall san aer.
Bhíodh sé á inseacht chomh sollúnta sin,
Agus shamhlaínn na mílte badhbh
Ag déanamh gleo agus ag tuirlingt ar an iomaire.

Mhíníodh sé agus liocadh sé an poll fataí
Sa gcaoi go gceapfá gur mionphirimid leis na Pharaohs
   a bheadh ann as a dheireadh aige.

'Fág sin,' a deireadh sé de glór borb
Dá mbeinn ag déanamh rud amscaí . . .
Mar a bhuailfeá ord ar inneon ag díriú amach an iarainn
   lena chló ceart a chur air
B'in é an glór a chuireadh criothnú i nduine . . .
Glór eile . . .
Glór údarásach ó gharrantaí beaga Bhearna.

Blianta an Chogaidh

Ní sinne na daoine céanna
A dhiúgadh na cáirt,
Is a chuireadh fál cainte
Idir sinn is ár gcrá.

Thuig fear amháin na mná,
Is é a thuig a gcluain tharr barr,
An bhantracht go léir a thuig
I gcrot aon mhná nach raibh dílis,
Is sinn ar thaobh an dídin
Den phéin is den pháis.

D'fhaighimis an seic, an giota páir,
An t-ara malairteach fáin,
Ar an saothar aimrid gan aird,
Is théimis chun an ósta ghnáith.

Níor chuireamar is níor bhaineamar
Is níor thógamar fál go hard,
Ach fál filíochta is argóna,
Idir sinn is an smaoineamh
Go rabhamar silte gan sinsear,
Go rabhamar stoite gan mhuintir,
Go rabhamar gan ghaisce gan ghrá
Gan aisce don fháistin
Ach scríbhinn i gcomhad.

Is réab gach éinne againn
Cuing is aithne ina aigne;
Aicme a bhí gan fréamha i dtalamh,
Dream narbh fhiú orthu cuing a cheangal,
Drong nár rod leo a n-athardha.

Cranna Foirtil

Coinnigh do thalamh a anam liom,
Coigil chugat gach tamhanrud,
Is ná bí mar ghiolla gan chaithir
I ndiaidh na gcarad nár fhóin duit.

Minic a dhearcais ladhrán trá
Ar charraig fhliuch go huaigneach;
Mura bhfuair éadáil ón toinn
Ní bhfuair guth ina héagmais.

Níor thugais ó do ríocht dhorcha
Caipín an tsonais ar do cheann,
Ach cuireadh cranna cosanta
Go teann thar do chliabhán cláir.

Cranna caillte a cuireadh tharat;
Tlú iarainn os do chionn,
Ball éadaigh d'athar taobh leat
Is bior sa tine thíos.

Luigh ar do chranna foirtil
I gcoinne mallmhuir is díthrá,
Coigil aithinne d'aislinge,
Scaradh léi is éag duit.

Gleic mo Dhaoine

Cur in aghaidh na hanacra
Ab éigean do mo dhaoine a dhéanamh,
An chloch a chloí, is an chré
Chrosanta a thabhairt chun míne,
Is rinne mo dhaoine cruachan,
Is rinne clann chun cúnaimh.

Dúshlán na ndúl a spreag a ndúshlán,
Borradh na fola is súil le clann ar ghualainn
A thug ar fhear áit dorais a bhriseadh
Ar bhalla theach a dhúchais,
Ag cur pota ar leith ar theallach an dóchais.

Slíodóireacht níor chabhair i gcoinne na toinne,
Ná seifteanna caola i gcoinne na gcloch úd,
Ionas nárbh fhearr duine ná duine eile
Ag cur ithir an doichill faoi chuing an bhisigh;
Gan neart na ngéag ba díol ómóis
Fuinneamh na sláinte is líon an chúnaimh.

Ó Mórna

A ródaí fáin as tír isteach
A dhearcann tuama thuas ar aill,
A dhearcann armas is mana,
A dhearcann scríbhinn is leac,
Ná fág an reilig cois cuain
Gan tuairisc an fhir a bheith leat.

Cathal Mór Mac Rónáin an fear,
Mhic Choinn Mhic Chonáin Uí Mhórna,
Ná bí i dtaobh le comhrá cáich,
Ná le fíor na croise á ghearradh
Ar bhaithis chaillí mar theist an fhir
A chuaigh in uaigh sa gcill sin.

Ná daor an marbh d'éis cogar ban,
D'éis lide a thit idir uille
Is glúin ar theallach na sean,
Gan a phór is a chró do mheas,
A chéim, a réim, an t-am do mhair,
Is guais a shóirt ar an uaigneas.

Meas fós dúchas an mhairbh féin
D'eascair ó Mhórna mór na n-éacht,
Meabhraigh a gcuala, a bhfaca sé,
Ar a chuairt nuair a d'éist go géar,
Meabhraigh fós nár ceileadh duais air,
Ach gur ghabh chuige gach ní de cheart.

Chonaic níochán is ramhrú dá éis,
Chonaic mná ag úradh bréidín,
Gach cos nocht ó ghlúin go sáil
Ina slis ag tuargain an éadaigh,
Bean ar aghaidh mná eile thall
Ina suí suas san umar bréige.

Chonaic is bhreathnaigh gach slis ghléigeal,
Chonaic na hógmhná dá fhéachaint,
Dá mheas, dá mheá, dá chrá in éineacht.
D'fhreagair fuil an fhireannaigh thréitheach,
Shiúil sí a chorp, las a éadan,
Bhrostaigh é go mear chun éilimh.

'Teann isteach leo mar a dhéanfadh fear,
Geallaimse dhuit go dteannfar leat,
Feasach iad cheana ar aon nós,
Nach cadar falamh gan géim tú,
Ach fear ded chéim, ded réim cheart.'
Pádhraicín báille a chan an méid sin.
Briolla gan rath! Mairg a ghéill dó.

Iar ndul in éag don triath ceart
Rónán Mac Choinn Mhic Chonáin,
Ghabh Cathal chuige a chleacht,
A thriúcha is a chumhachta
A mhaoir, a bháillí go dleathach,
A theideal do ghabh, is a ghlac.

An t-eolas a fuair sna botháin
Nuair a thaithigh iad roimh theacht i seilbh,
Mheabhraigh gach blúire riamh de,
Choigil is choinnigh é go beacht,
Chuaigh chun tairbhe dó ina dhiaidh sin
Nuair a leag ar na daoine a reacht.

Mheabhraigh sé an té bhí uallach,
Nach ngéillfeadh go réidh dá bheart,
Mheabhraigh sé an té bhí cachtúil,
An té shléachtfadh dó go ceart,
Mheabhraigh fós gach duais iníonda
Dár shantaigh a mhian ainsrianta.

Mhair ár dtriath ag cian dá thuargain,
Ba fánach é ar oileán uaigneach,
Cara cáis thar achar mara
B'annamh a thagadh dá fhuascailt,
Is théadh ag fiach ar na craga
Ag tnúth le foras is fuaradh.

Comhairlíodh dó an pósadh a dhéanamh
Le bean a bhéarfadh dó mar oidhre
Fireannach dlisteanach céimeach
Ar phór Uí Mhórna na haibhse,
Seach bheith dá lua le Nuala an Leanna,
Peig na hAirde is Cáit an Ghleanna.

An bhean nuair a fuair Ó Mórna í
Níor rug aon mhac, aon oidhre ceart;
Níor luigh Ó Mórna léi ach seal,
Ba fuar leis í mar nuachair;
Ina chuilt shuain ní bhfuair a cheart,
É pósta is céasta go beacht.

Imíonn Ó Mórna arís le fuadar,
Thar chríocha dleathacha ag ruathradh,
Ag cartadh báin, ag cartadh loirg,
Ag treabhadh faoi dheabhadh le fórsa,
Ag réabadh comhlan na hóghachata,
Ag dul thar teorainn an phósta.

Ag réabadh móide is focail
Ag réabadh aithne is mionna,
A shúil thar a chuid gan chuibheas,
Ag éisteacht cogar na tola
A mhéadaigh fothram na fola,
Ina rabharta borb gan foras.

Ceasach mar mheasadh den chré lábúrtha
Leanadh Ó Mórna cleacht a dhúchais,
Thógadh paor thar chríocha aithnid,
Go críocha méithe, go críocha fairsing,
Dhéanadh lá saoire don subhachas
Dhéanadh lá saoire don rúpacht.

Maoir is báillí dó ag fónamh
Ag riaradh a thriúcha thar a cheann,
Ag comhalladh a gcumhachta níor shéimh,
Ag agairt danaide ar a lán,
An t-úll go léir acu dóibh féin
Is an cadhal ag gach truán.

Sloinnte na maor a bheirim díbh,
Wiggins, Robinson, Thomson agus Ede,
Ceathrar cluanach nár choigil an mhísc,
A thóg an cíos, a dhíbir daoine,
A chuir an dílleacht as cró ar fán,
A d'fhág na táinte gan talamh gan trá.

Níor thúisce Ó Mórna ar ais
Ar an talamh dúchais tamall
Ná chleacht go mear gach beart
Dár tharraing míchlú cheana air:
Treabhadh arís an chré lábúrtha,
Bheireadh dúshlán cléir is tuata.

Tháinig lá ar mhuin a chapaill
Ar meisce faoi ualach óil,
Stad in aice trá Chill Cholmáin
Gur scaip ladhar den ór le spórt,
Truáin ag sciobadh gach sabhrain
Dár scaoil an triath ina dtreo.

Do gháir Ó Mórna is do bhéic,
Mairbh a fhualais sa reilig thuas
Ní foláir nó chuala an bhéic;
Dhearbhaigh fós le draothadh aithise
Go gcuirfeadh sabhran gan mhairg
In aghaidh gach míol ina n-ascaill.

Labhair an sagart air Dé Domhnaigh,
Bhagair is d'agair na cumhachta,
D'agair réabadh na hóghachta air,
Scannal a thréada d'agair le fórsa,
Ach ghluais Ó Mórna ina chóiste
De shodar sotail thar cill.

D'agair gach aon a dhíth is a fhoghail air,
D'agair an ógbhean díth a hóghachta air,
D'agair an mháthair fán a háil air,
D'agair an t-athair talamh is trá air,
D'agair an t-ógfhear éigean a ghrá air,
D'agair an fear éigean a mhná air.

Bhí gach lá ag tabhairt a lae leis,
Gach bliain ag tabhairt a leithéid féin léi,
Ó Mórna ag tarraingt chun boilg chun léithe
Chun cantail is seirbhe trína mheisce,
Ag roinnt an tsotail ar na maoir
Ach an chruimh ina chom níor chloígh.

Nuair a rug na blianta ar Ó Mórna,
Tháinig na pianta ar áit na mianta:
Luigh sé seal i dteach Chill Cholmáin,
Teach a shean i lár na coille,
Teach nár scairt na grásta air,
Teach go mb'annamh gáire ann.

Trí fichid do bhí is bliain le cois,
Nuair a cuireadh síos é i gCill na Manach
D'éis ola aithrí, paidir is Aifreann;
I measc a shean i gCill na Manach
I dteannta líon a fhualais,
Ar an tuama armas is mana.

An chruimh a chreim istigh san uaigh tú,
A Uí Mhórna mhóir, a thriath Chill Cholmáin,
Níorbh í cruimh do chumais ná cruimh d'uabhair
Ach cruimh gur cuma léi íseal ná uasal.
Go mba sámh do shuan sa tuama anocht
A Chathail Mhic Rónáin Mhic Choinn.

Bata Draighin

Líne ghiotach dhonn
I seanlámhscríbhinn scéalach
De chuid na nGall:
Mheabhraigh sin
Go mbíodh mo mhuintirse
Muintir Uí Dhoibhlin
Thiar sa bhaile sa Lúb,
Agus Muintir Mhic an Bheatha
Mar a gcéanna,
Go mbíodh sin
Beag beann ar dhlí na tíre
Agus mímhúinte dalba
Ina ndóigheanna,
Go n-ionsaídís gan trócaire
Constáblaí agus sirriamaí
De chuid an Rí,
Go raibh Gaeilge acu go fóill
Á canstan,
Agus seanamhráin an drabhláis
A chuir scaoll ar an sagart féin.
Agus go raibh, mar a mheabhraigh an líne,
Feidhm mhór acu
Le sibhialtacht an Rí.
Agus an bhfuil a fhios agat seo?
Caithfidh mé a admháil inniu
Go ngealaíonn an líne sin de chuid na nGall
Go ngealaíonn sí mo chroí.

Nó chím go soiléir thiar sa seanam,
Fir is mná dearmadta mo mhuintire
Ar a bplé
Lá an phatrúin is lá an aonaigh,
Nó ina mbaiclí fá na sráidbhailte beaga suaracha,
A mbataí draighin leo i dtreo,
Agus a gcroí sa bhéal ag constáblaí an choncais,
Agus ag an sagart.
Agus nach beacht sa deireadh thiar
A leagadh amach
Blár nua aimhréidh ár leasa
Agus nach réidh a thógamar
Dlí agus feidhm an bhochtanais,
Agus mura miste leat, Shakespeare agus Wordsworth
Agus Longfellow inár málaí scoile,
Agus romhainn féin amach an neamhní.

Ach is é mo rún
Lá acu seo chugainn
An tseanchoill a thabhairt orm féin arís:
Agus an bata ceart draighin a aimsiú,
É cruinn díreach slíocánta;
Agus seal a chaitheamh ag cleachtadh,
Agus dordán dian na seanamhrán a shealbhú,
Is bealach úr na sean a shealbhú.

Agus más mise an té sin a chí tú
Ag siúl liom go dalba ar fud an bhealaigh,
Agus bata draighin liom i mo dhorn,
Ná bíodh aon imní ort: tá mé i ndiaidh bheith thiar
i gcoill chraobhach mo mhuintire.

An Gráinneach Mór

Ó fuair mise an t-údar, ní baol dhomsa cúlú,
Ach leanfaidh mé an cúrsa go fearúil,
Is scríobhfaidh mé uachta nach féidir a phlúchadh
Ar aon teallach i ndúiche Chonamara.

Gangman de Ghráinneach, fear tútach, neamhnáireach,
A bhuail fúm gan fáth is é as bealach;
Gan fógra, gan ábhar, is mé ag obair go sásta,
Sea fuair mise cárta ón mbacach.

Go deimhin, a Ghráinneach, dhá ndéanfá an dea-rud,
Is dhá n-imreá do chuid cártaí go cneasta,
Ní bheinnse mar námhaid ar chnoc ná i ngleann agat
Is ní bheifeá go brách faoi mo mhallacht.

Ach bhí tú róbheartúil, rócham, is ródhána,
Is níor thuig tú mo chás ar aon bhealach;
Ach is gearr uait an lá a mbeidh tú ar lár,
Is tú maslaithe go brách ag mo theanga.

In Áth Cinn atá an bráca ag Tomás Ó Gráinne,
Is níor labhraíosa tráth leis ina ainm;
Is go mb'fhearr leis na comharsana múchta agus báite é
Ná é a fheiceáil go brách ar an mbaile.

Seo cuntas a fuair mé as an mbaile taobh thall dhó,
Ar a chliú is ar a cháil nach bhfuil taitniúch,
Is beidh sé le tuiscint is le léamh ag a lán,
Is a chnámhanna leáite sa talamh.

Ní fhéadfadh an t-ádh a bheith tigh Thomáis Uí Ghráinne,
A dúirt muintir na háite atá ina aice,
Mar tá sé róchiontaithe ag sagart is ag bráthair
De bharr faltanas gránna is drochscanall.

Ní dhéanfainnse aon iontas dhá dtitfeadh an láimh dhó,
Mar is minic í sáite sa mailís,
Is go bhfuadódh sí an bhraillín den chorp ar an gclár,
Ach gan duine a bheith i láthair lena bhacadh.

An bhó is an chaora, an searrach is an láir,
Má bhíonn siad ar fán uait ar maidin,
Gheobhaidh tú a dtuairisc, más féidir a bhfáil,
Faoi ghlas ins an stábla ag an mbacach.

An tsluasaid, an píce, an láí is an sleán,
Ná fág ins an bpáirc ar do bheatha iad;
Smaoinigh ar an rógaire, Tomás Ó Gráinne,
A ghoidfeadh an t-ál is an lacha.

Smaoinigh ar an óganach, is é do dhrochnámhaid,
Ná bíodh aon cheo fágtha ina bhealach,
Mar bíonn sé go síoraí ag creachadh na háite
Is tú i do chodladh go sámh ar do leaba.

Éireoidh mé ar maidin in ainm an Ard-Rí,
Beidh mo chú le mo shála is mo chapall,
Nó go gcuire mé fiach i ndiaidh Thomáis Uí Ghráinne,
Is fágfaidh mé fán is drochrath air.

Rachaidh mé ina thimpeall is déanfaidh mé fáinne,
Beidh cúnamh fear láidir ins gach baile
Ón Spidéal go Carna, an Tuairín is Doire Fhatharta
Go Scríb, Uachtar Ard, is Cnoc Raithní.

Dheamhan brocach ná áitiú dár chuir sionnach a cheann ann
Nach gcaithfidh a bheith gardáilte fairthe;
Má fhaigheann sé a chuid crága go daingean in aon sáinne
Ní foláir cúnamh láidir lena tharraingt.

Séidfidh mé an fheadóg go dúthrachtach, dána,
Agus cloisfear go hard mé i gCeann Caillí;
Beidh mná agus páistí ag rince ar na bánta,
Nó go ndéanfar an Gráinneach a leagan.

Baileoidh mé agam na sluaite as gach ceard,
Is a gcéad míle fáilte ar an mbealach;
Ach, a mhuintir Dhúiche an Bhlácaigh, ná tréigigí an cás sin,
Mar is cliú dhomsa go brách sibhse seasamh.

Fágfaidh mé an cás seo ar láimh Mhaidhc Ó Fatharta
Ag crosbhóthar an Mhám' bí ag faire air,
Nó má ligeann tú an Gráinneach ar na sléibhte taobh thall dhuit,
Ní thabharfaidh an saol brách de na beanna é.

Coinnigh Abhainn na Scríbe fairthe gach oíche
Sula bhfaighidh sé dídean ina haice;
Bíodh aireachas grinn agat thimpeall an Líonáin
Is ar na bóithre atá ag ritheacht go dtí an caladh.

Cuir *sentry* dúbailte ar bhóthar Chorr na Móna
Sula fhéadfas an stróinse a dul thairis;
Ach, in ainm Rí an Domhnaigh, ná lig i Sliabh an Úir é
Nó rachaidh sé amú i nGleann na bhFeadóg.

Déanfaidh mé ceannfort dhuit, a Phádraic Sheáin Pháidín,
Tá tú in eolas na háite le fada;
Tóigfidh tú stáisiún le taobh Loch an tSáile,
Is ar do dheasláimh, Baile an Teampaill.

Cuir arm fear garda ar sheansiléar na Spáinneach,
Ná lig an boc báire faoin talamh,
Cúnamh maith láidir ó thuaidh i bPáirc na Rásaí,
Is ag ceann Bhóthar na Trá, an t-arm capall.

Is cuirfidh mé geall leat, a Thomáis Uí Ghráinne,
Go mbeidh tú ar láimh roimhe Shatharn,
Mar beidh tú chomh sáinnithe le cat thíos sa mála,
Is ní fheicfear go brách thú in do gheaingear.

Shiúil muid amach an cúigiú lá 'Mhárta,
Is bhuail muid go mall is go haireach,
Is gurb é an áit a dhúisigh muid Tomás Ó Gráinne
Ins na Banracha Bána thiar i gCamus.

Siúd soir thar na mbóthar é chomh luath leis an ngála,
Is chuaigh sé don gheábh sin Cinn Mhara,
Ach dhá bhfaigheadh muid i Muiceanach idir Dhá Sháile é,
Tá mé cinnte nach bhfágfadh sé an baile.

Bhí sé róchliste le titim sa ngábh sin
Bhí eolas na háite aige cheana;
Ar Chnoc a' Dua a tharraing sé, soir leis na fána,
I measc scailpreacha arda agus sceacha.

Chaill muid sna lagphortaigh in aice tigh Eoin é
Nó gur bhain sé dhó a bhróga ag Loch Fada;
Ag dul soir thar Tigh an Fhathartaigh ba luaithe faoi dhó é
Ná stoirm ghaoithe móire ins an earrach.

Ag dul amach ag an bPríosún le taobh Locha Móire,
Bhí muide ins an tóir gar go maith dhó,
Ach ag éirí in aghaidh an strapa ag Tulach an Óráin,
Bhí an buachaill Jack Seoighe á ghreadadh.

Chuaigh sé sa ngleann agus chaith sé an tórainn,
Agus d'fhága sé an Seoigheach ina sheasamh;
Ag dul soir thar an abhainn ag tigh Phádraic Uí Mhóráin,
Chaith sé dhó a chóta is a hata.

Lúb sé go talamh agus d'imigh sé caoch uainn,
Soir Sliabh an Aonaigh le teannadh,
Ach ag ardú ó thuaidh dhó amach as an gcíocra,
Cailleann sé a bhríste san easca.

Ó thuaidh trí na portaigh, is gan air ach a léine,
Is ar Bhaile na Léime a bhí a tharraingt;
Dheamhan múta nó claise nár chaith sé go héasca,
Chúig slata dhéag ins gach amhóg.

Amach Bun na gCipeán a thug sé dhá shiúl é,
Ní fhéadfadh an cú a dhul ina aice;
Ach dhá dtéadh sé go Cúige Uladh, gheobhadh mise greim cúil air,
Ba in é an sórt rúin a bhí agam.

Bhí muid chomh tugtha i ndeireadh na cúise
Is nach raibh ionainn an cúrsa údaí a sheasamh;
Shuigh muid ar chnocán is ár gcnámhanna leonta,
Nó gur rinne muid dea-chomhairle a ghlacadh.

Rinne muid campaí ag teacht don tráthnóna
Is d'fhan muid go ciúin leis an maidin;
Le ceiliúr na fuiseoige, bhíomar inár ndúiseacht,
Mar a níodh Fionn Mac Cumhaill sa tseanaimsir.

In aice le Formaoil, dúisíodh aríst é,
B'iontach an smíste é gan aimhreas;
Nuair a d'éirigh sé againn, amach as na caochphoill,
Bhí an criathrach ina thimpeall ag preabadh.

Níor bhain muid aon chor as gur shroich sé Abhainn Bhéaláin,
Chaith sé de léim í ón talamh;
Níl caora ná feithideach dhá raibh ar na sléibhte,
Nach raibh ag rince is ag léimneach le scanradh.

Ba luaithe é ná an eilit, ná an giorria cíbe,
Ag dul síos ag tigh Phít Pheadair Bhreathnaigh,
Ach ag Clochar an Bhromaigh sea bhíomar ina thimpeall,
Pádraic Chearra ar a dhroim is é dhá lascadh.

Rug Pít ar an tsluasaid is Joe ar an láí,
Chroch Pádraic an cána ón rata,
Is ba ghearr leis na Fianna iad ar lomchosa in airde
I ndiaidh Thomáis Uí Ghráinne is Mhac Chearra.

Síos ar tigh Fenton sea rinne sé láithreach,
Cé a chasfaí sa tsráid leis ach Beartla;
Isteach ar na duánaí buaileann sé an Gráinneach
Is chuir sé go básta é sa gclaise.

A mhuintir dhúiche Shailearna, siúd agaibh síos é,
Tá an bithiúnach ag déanamh ar an gcladach;
Ná ceapaidh ina gcroí istigh go bhfaighidh sibh aon phríosún,
Ach cuiridh an diabhal caoch ar an Matal.

Bhí Pádraic Thaidhg Phádraic ar bharr Charraig Áine,
A phiostal in airde is a chlaimhe;
Is é dúirt sé go dána, 'A chlanna is a chairde,
Ná ligigí slán as na hAille é.'

Smaoinigh, a Mhac Eoinín, go gcaillfidh tú an cóta,
Má ligeann tú i dTóchar an Ghleanna é;
Má fhaigheann tú greim scóige air, tá mise is mo chóisir
Ag teacht ar an mbóthar lena lagadh.

Chuaigh sé den léim sin trí chladaigh chrua ghéara,
Trí chosáin chrua ghéara agus raithneach,
Is gur ag Bóithrín na Céibhe le éirí na gréine,
A d'fhága sé a léine ar na sceacha.

Ní raibh fhios ag na céadta a bhí cruinnithe le chéile
Go raibh an t-ógánach céanna chomh beaite,
Ach nuair a facthas an téagar ina chraiceann geal gléigeal,
Bhí malairt an scéil sin le ceapadh.

Bhí slua de na *blazers* ag Ard Iothlainn Shéamais,
A gcuid conairt faoi réir is a gcuid caiple,
Is bhí ardmheas ón *lady* le fáil ag an té sin
A ghabhfadh Tom Greaney ina chraiceann.

Scoith sé an Púirín is barr Shailethúna,
Thug dúshlán gach cú is gach capall,
Uachtar Bhothúna is thart Seanadh Mhóinín,
I measc driseacha úra agus aiteann.

Déanadh é a choradh thart timpeall na coille,
Is chloisfí i mBoluisce gach béic uaidh;
Dhá bhfeicfeása an buinneán ag dul thart ar na tuláin
Is Peadar Sheáin Stiofáin á phléatáil.

Anois tá sé leagtha ag Johnny Joe Mharcais,
Is bronnaim gach meas is gach céim air;
Ná déanaidh é a mharú, ach druidigí thart air,
Nó go gceanglófar le gad is le téad é.

Is é dúirt Íta Targin, sách tuirseach dhá haistir,
'Ná cuirigí bannaí ná cúirt air,
Ach fágaidh an bealach is scaoilidh isteach mé,
Nó go bhfaighe mise slais ar an tóin air.'

D'fhreagair Jack Mac í agus labhair sé go tapa,
Agus rinne mé staidéar ar céard dúirt sé;
É a cheangal ar bharra istigh i mála maith garbh,
É a thabhairt ag an Eas is é a phlúchadh.

An bhfeiceann tú an easna siúd thíos faoina mhaide,
Nár láidir an maicín é ina óige;
Ach d'éalaigh an saol thairis is rinne sé bladar,
De bharr muiceoil bheaite agus pórtair.

Anois cuiridh ina sheasamh é is crochaidh chun bealaigh é,
Is i bpríosún Chill Dara bheas a lóistín
Nó go ndéana sé aithrí ar son ár gcuid allais
A chuir muid ráithe an Earraigh sa tóir air.

Anois iontóidh mé tharam chun dea-chaint a chleachtadh,
Is déarfaidh muid paidir nó dhó dhó;
Tá an saol anois athraithe is tá an Filí bocht craite,
Ón lá ar thug sé an *sack* ar an mbóthar dhó.

Go dtabharfa Dia sólás is suaimhneas dhá anam,
I bParthas na nAingeal le glóire;
Is an fhad is sheasfas an teanga i measc Gaeil Chonamara,
Beidh trácht i ngach teaghlach faoin spóirt seo.

Caoineadh do Mhícheál Breathnach

Do chuala aréir tré m'aisling
An uaill i gcéin dá casadh,
Go buartha céasta cathach,
Is ar cuaird fám dhéin ag tarrac
Is ag bualadh i ngaobhar mo leapa,
Im chluais de ghéim gur screadadh
Gur ar an uair sin d'éag an Breathnach,
Buachaill séimh glic aibí,
De shlua na nGael ba mhaise.
Le buairt an scéil sin phreabas
Go luath de léim im sheasamh,
Ag uaill is ag éamh go daingean,
Is le huaigneas déara frasa
Anuas 'na réim lem leacain.

A Mhichíl Bhreathnaigh,
A ghrá is a thaitnimh,
Is brón le m'anam
Tú thíos i dtalamh,
Fá fhuacht an tseaca,
Gan lúth id bhallaibh,
Gan chaint id theangain,
Gan luisne id leacain,
Ach i gcomhrainn tana
Is ualach carthaidh
Ar dhruim do bhaithis.

Mo ghraidhin is mo stór thú,
A mhaise na gcomharsan,
Tú i ngreim i gcónra,
I mbláth ceart t'óige,
Is gá go fóill leat,
Ag déanamh chóncais
Ar lucht an mhórtais.

Mo ghrá is mo chara thú,
Is ba mhór an mhaise thú
Ag teacht abhaile chughainn
Anall thar farraige,
Is do Ghaeilg bhlasta agat,
Gan cháim gan chamachlis,
Ar bharr do theangan tiubh,
Cé gur luath a leagadh thú,
Is do buaineadh tathag nirt
Is siúl is seasamh díot
A mhuirnín mh'anma.

Mo chara is mo rún tú,
Dá mairfeá, id dhúthaigh,
Is maith an cúnamh
A thabharfá dúinne
Atá ag iarraidh fiúntas
Is maise is cumhracht
Ár dteangan dúchais
A chur in iúl ceart
Do lucht na dtriúch so.

Mo stór is mo mhaoin tú,
Is is brón dod mhuintir
Is is trua tú sínte
I leaba íseal
Fá fhuacht an gheimhridh
Is an chré id thimpeall,
Is anuas 'na luí ort,
Gan duine id choimhdeacht
A dhéanfadh imní díot.

Thiar 'cois fharraige'
Tá mo chaolfhear treascartha,
An Gaeilgeoir caithiseach,
Gur bhreá leat labhairt leis,
Fear ciúin cneasta geal,
Ionraic acmhainneach,
Cúthail ceannasach,
Búidh mín caradúil,
Nár thréig an teanga sin
Thug Gaeil thar caise leo.

Ba mhuar é a shaothar,
Mo bhuachill gléigeal,
I Londain aerach,
Is sa bhaile féinig
I measc a ghaolta
Ag scaipeadh léinn chirt
Gan sos gan staonadh
Tré bháilte is mhaolchnoic
Inis Éilge.

Dá mairfeadh beo againn
An t-ógfhear eolgach,
Do bheadh 'na dhoirne
Peann deas córach,
Fuinte gleoite,
Is é ag déanamh cló leis,
Go gasta fórsach
Ag scríobh gach nóta
Is gach aiste fónta
Go glic is go róchruinn.

Mo bhuanchnead nimhneach,
A mhic an chroí ghil,
Tú bheith go híseal,
Is clár mar dhíon ort,
Ó radharc do mhuintir'
Atá i nguais is i bhfíorbhroid.
Go dian dod chaoineadh
Dé ló is d'oíche.
A ghléfhir mhiochair
Is réidh deas d'fhuinis
An scéal sin Kickham
I nGaeilg mhilis.

A stór is a mhaoinigh,
Go bhfóiridh Críost ort
Is a mháthair aoibhinn
Is aingil chaoine
Na bhflaitheas soilseach
I gcomhair na síoraíocht'.

An Ceangal

A pholla dhil den bhorbfhuil ba thréine i gcath,
Ataoi id chodladh anois, i gConnachta go faon i bhfeart,
Id shochraid ós donas damh nár fhéadas teacht
Coiscfeadsa dem gholfarta, is mo mhéala leat.

An Gruagach Ribeach

Is ríbheag an t-ábhar a fuair an gruagach ón bpáiste,
Nuair a mhol sé a chuid glasraí go cliste;
Iad feistithe go cóir le cur ar cheann boird,
Díol cinnire tíre nó ardrí.

Má shíleann an fear fánach ó mhaslaigh sé an páiste
Go mbuailfidh sé báire in aghaidh file,
Cuirfidh mise náire air má bhíonn sé san áit seo,
Mar is boc é a bhfuil cuma rud dona air.

Thug mise spás dhó, sular éiligh mé sásamh,
Nó gur scrúdaigh mé an t-ábhar níos cruinne;
Ach ós fíor a bhfuil ráite, bí feasta ar do gharda,
Is tiocfaidh mise lá ar bith os do choinne.

Faoi obair mhínáireach a dhéanas an burlamán gáirí
Mar is cosúil le béar é sa bhfuinneoig;
Fógraímse gráin air, tá moing síos go sáil air,
Agus dearcann sé ar nós an bhroc muice.

Labhróidh mé amáireach le óige na háite,
Is míneoidh mé an cás seo go cinnte,
Gur mhaslaigh tú an páiste gan tsiocair, gan ábhar,
Anois, leagan na slat agus cruit ort.

Ó choirnéal shráid Bhearna go ceartlár Uíbh Fhailí
Níor facthas aon rud leath chomh gliobach,
A tháinig don áit seo ag éileamh lá páighe,
Is bhí tú ina chall sin go cinnte.

Níl caraid san áit seo dá gcloisfidh mo chás-sa
Nach ndéarfaidh scéal cam ansin thoir ort;
Ó bhí tú gan náire is gur bhuail tú an páiste,
Fógraím anois fán agus critheadh ort.

Má táimse lagbhríoch nó ag éirí san aois
Seasfad fós talamh go teann leat;
Ná ceap is ná síl, a phus ribeach buí,
Go n-imeoidh tú saor ó mo lámha.

An Ghrian is an Ghealach

Caitheann an ghealach súil fhuar aimhreasach
ar an gcruinne
ag gliúcáil trí fhuinneoga
ag damhsa ar dhíonta
ag spiadóireacht trí dhuilleoga
óna dtiteann scáilí duán alla
ag líochán na farraige móire
le maidneachan, éalaíonn sí
go cladhartha ar chúl na gréine
an ghrian lán le teaspach an ghrá
ag diúl cíocha na mara
magairlí na gcnoc
baill fhearga na sléibhte
éiríonn an fharraige chuici
le teann rachmairte is fonn réithireachta
teastaíonn uaithi bheith mar aon léi
a bheith mar chuid den aer
den mhacnas
den tsolas
den ghile
den mhíorúilt chruthaíoch

Ochón! a Dhonncha

Ochón! a Dhonncha, mo mhíle cogarach, fén bhfód so sínte,
Fód an doichill 'na luí ar do cholainn bhig, mo loma-sceimhle!
Dá mbeadh an codladh so i gCill na Dromad ort nó in uaigh san Iarthar
Mo bhrón do bhogfadh, cé gur mhór mo dhochar, is ní bheinn
   id dhiaidh air.

Is feoite caite atá na blátha a scaipeadh ar do leabaidh chaoilse;
Ba bhreá iad tamall ach thréig a dtaitneamh, níl snas ná brí iontu.
Is tá an bláth ba ghile liom dár fhás ar ithir riamh ná a fhásfaidh
   choíche
Ag dreo sa talamh, is go deo ní thacfaidh ag cur éirí croí orm.

Och, a chumannaigh! Nár mhór an scrupall é an t-uisce dod luascadh,
Gan neart id chuisleannaibh ná éinne i ngaire duit a thabharfadh
   fuarthan.
Scéal níor tugadh chugham ar bhaol mo linbh ná ar dhéine
   a chruatain –
Ó! is go raghainn go fonnmhar ar dhoimhinlic Ifrinn chun tú a
   fhuascailt.

Tá an ré go dorcha, ní fhéadaim codladh, do shéan gach só mé.
Garbh doilbh liom an Ghaeilge oscailte – is olc an comhartha é.
Fuath liom sealad i gcomhluadar carad, bíonn a ngreann dom
   chiapadh.
Ón lá go bhfacasa go tláith ar an ngaineamh thú níor gheal
   an ghrian dom.

Och, mo mhairg! Cad a dhéanfad feasta is an saol dom shuathadh,
Gan do láimhín chailce mar leoithne i gcrannaibh ar mo
    mhalainn ghruama,
Do bhéilín meala mar cheol na n-aingeal go binn im chluasaibh
Á rá go cneasta liom: 'Mo ghraidhn m'athair bocht, ná bíodh
    buairt ort!'

Ó, mo chaithis é! Is beag do cheapas-sa i dtráth mo dhóchais
Ná beadh an leanbh so 'na laoch mhear chalma i lár na foirne,
A ghníomhartha gaisce is a smaointe meanman ar son na Fódla –
Ach an Té do dhealbhaigh de chré ar an dtalamh sinn,
    ní mar sin d'ordaigh.

Lámha
(do Shéamus Ennis)

Ba iad lámha an mhairbh do lámha
ag seinm na píbe aréir –
ach na méara fada cnámhacha
má b'iasacht méar ón alltar,
binneas agus glaine do cheoil
faoi fhraitheacha an tí ba dhídean.

Níor leatsa amháin an ceol –
bhí scata a d'éag ag seinm.
Bhí lámh ag mac bádóra ann,
an slabhra ceoil ár gceangal.
Bhí lámh ag pianta mná ann
is ag fir sa chré ag tochailt.

Gleic an bháis do ghleic
ag plé le tost is uaigneas
agus sine an cheoil á crú
ag lámha cliste eolacha.
Ach dos is seamsúr chomh haerach
ní geall in aghaidh na tubaiste.

Lámha beaga a bhí ag m'athair
ag iompar málaí sa stáisiún
agus fágadh de cheangal ar mo láimhse
dílseacht, ceird agus uaigneas –
tréithe a fheicim i do cheolsa
is sna lámha marbha ar d'uirlis.

Uaigneas Comórtha

Ní bhíonn aon Éigse ag comóradh Pheaidí na gCearc
Ó Chlochar. Géag de threabhchas Flathartach.
Ní fheicfidh tú a chló ar phóstaeir ná cairt.
Ach ar an uain de bhliain nuair bhí sclábhaithe tearc
Ní hiad Eoghan Rua ná Aogán a bhí i mbéal na bhfear.
Nuair a bhíonn na barraí ag tuar agus na gais go hard
Mairg a bheadh i dtaoibh le gaisce bard.

Trí mhíle slí ó Chlochar go Cathair Cuinn
Bhí an talamh tomhaiste aige, iomaire agus clais.
Ag baint lae as.
Leathchéad bliain, fuacht nó teas
Cur earraigh agus baint fómhair
Rámhan le glúin ag scaobadh, ag rómhar,
Cré, cré, cré,
Taosc, taosc, taosc,
Céadchré, luathchré, athchré,
Seaimpíní, eipiciúir, criocháin, fadhbáin
A chaipín péacach ag díonadh a éadain
Scíth a ligean b'annamh leis
Leisce riamh níor casadh leis.

Milliún is ea Peaidí na gCearc
Cuardaigh Kilburn agus Hammersmith.
D'imíodarsan. D'fhan Peaidí.
Dá chill mhuintire ghéill sé a thaisí.

Ní bheidh aon Éigse ar Pheaidí na gCearc.
Beag an baol.
Ná aon ollamh ó Éirinn ná New York
Ag béarlagar as a chab.

Buaileann an Dúchas Bleid ar an Mheabhair

Ar mhuir ard na hintleachta éirím
   amach as cuan na hóige:
ón lá seo suas ní ceadmhach áiféisí,
   ní maith an bua seafóide.
Mar do seoladh chugam corn an leanna léin,
níor thógas uaidh borb ná leasc mo bhéal
ach d'ólas siar an deoch isteach i mo chléibh.

Ar mhuir ard na hintleachta téim,
   is eagal liom an mhuir:
ar thoinn ard na gealaí ann gan gréin
   an fios cá seolann sruth?
Ach do chuala mé lucht loinge á dhearbhú:
An fuathghrá don mhuir, más meanma dúr,
gur dual é ag an duine sa bharc is lú.

Ar mhuir lán na hintleachta chím
   loingeas is maorga gléas
fá chuimse cnáibe in imeacht tomhaiste righin,
   an toil ceart ach saobh an réalt;
seolta de mhianach is d'oiliúint fite,
an corda de chiall agus rún an duine,
os bord d'iardaí traidisiúin is cine.

Trí Glúine Gael

XLVI Mianach an Ghuail

Ar mhothú na moiche dhom chuala mé torann an tís,
Chloiseamar stoc agus ghluaiseamar orainn gan scíth;
Go bhfacamar scata is a lampaí lasta ina lámha,
Is ar mh'fhallaing nárbh fhada go rabhas ina bhfarra ar an bpáil.

Isteach linn ar nasc ins an gcás a bhí ullamh i ngléas,
Galadh ar an ngal agus fáscadh ar rotha na dtéad;
Scor ar an gcuingeal is síos leis ó sholas an lae,
Gur thit sé de thurraic in íochtar dubh an aigéin.

B'aisteach an t-amharc é, tóirsí ar sileadh i ngach áit,
Creasa ná gealadh, ar nós na tine ghealáin;
Gach solas ar sodar ag triall ar an ionad dár dhual,
Is nárbh fhollas dom roscaibh ach ciaire is doirche an ghuail.

Chonacas na curaidh i bhfuathaisí beaga ina luí,
Gaibhte ar a ngrogaibh ag fuadach na seilge duibhe;
Ceathanna deannaigh á múchadh ó mhaidin go nóin,
Sraite sa stracadh gur dhubhaigh is gur shearg a snó.

Thugas mo thuras is fuaireas mo cheacht ar an slí,
Is lem ghiolla mar urra do ghluaiseas ar m'aistear aníos;
Gheallas ar m'anam pé áit nó conair a gheobhainn,
Ná rachainn fé thalamh go brách go gcloisinn an dord.

A chuideachta shoirbh a shuíonn go seascarach, séimh,
I ngaire na tine is na síonta ar stealladh san aer,
Casaidhse sranga na smaointe ar ghoradh na spré,
Is ar na gasraí mheallann an spríos ó shloca na mbaol.

Ní giorra de thubaist an splanc a phreabann ón mblaodhm,
Ní giorra don urchar an long fé lannaibh an aeir,
Ní giorra don donas an t-uan i bhfogas an fhaoil,
Ná an mheitheal a mheileann ins na cuasa dorcha thíos.

An geas úd a phreabann is dh'fhágann fichidí fuar,
An charraig ar bhealach an áir ag titim anuas,
An tuile úd a scinneann gan ghíog is a bhascann an slua,
Tuisil a thigeann gan chuimhne i gclasaibh an ghuail.

XLVII An Mhonarcha ar Bharr Eathrach

D'imigh mo chiste agus tháinig an obair le glao,
Ionad ar ithir, mar b'áil liom solas an lae;
Níl athrú thagann, níl sás chun sochair i ngléas
Ná acar a ceaptar ná fágann lochta le léamh.

Ní bhacfad le tagairt do dhéine mo chos is mo lámh,
Maidir le feacadh na ngéag, do mholfainn an áit;
Ach bhí rudaí nár tugadh a ngnéithe meata fém bhráid,
Gur nochtadh a ndochar dom féin i gcaitheamh na dtráth.

Bhí geas de gach dath ann dár suaitheadh ar seothaladh riamh,
Bhí an geal is an dearg ann, uaithne, gorm is riabhach;
Bhí geas ann a phreabfadh ina bhlaodhm is a loiscfeadh an chliar,
Is bhí geas ann a leagfadh go tréith gan torann, gan méam.

Bhí innill ar ligint go fiáin, gan sosadh, gan suan,
Agus mise sa bhfoirinn ag rialú na roth ar a gcuaird;
Is é chuirim i gcoinne na ngléas, ná tuigim a mbua,
Nuair a thiteann an duine ina dhaor fé ridire an luais.

Caitheann is casann an aimsear brat ar an mbrón,
Chailleas an mhairg is d'adhain an mheanma im ghlór;
Níor shonas ar chois é, ach b'fhearr é nár casadh im raon,
Is choisceas mo shodar ag áras na ngeas is na ngléas.

D'imigh an time agus d'éalaigh na hachair úd siar,
Thiteas im chime le béasa is le cleachtadh na gcliar;
Tugadh dom cuireadh agus shíníos conradh leo,
An cumann a cumadh chun saoirse is cosanta an tslóigh.

Níor dheacair mé tharrac ar thaoibh mo charad i ngéibh
Ná feaca mé an tsatailt a chlóigh is a cheangail na Gaeil?
Chonacas an chumannacht dhlúth a bhris ar an bhfeall,
Is murach cogar an chrochaire a dhúnfadh bille na nGall.

Siollaí na hÁilleachta

Thug mé iarracht
seilbh a fháil
ar aoibhneas na foirme
agus ba é mo mhian
na mogaill órga a ghearradh
a shnaidhm an ghrian
ina eangach chrithlonrach
ar ghrinneall na habhann
agus bhí spreagadh ionam le léim isteach
is lionnbheatha na habhann a ól
thíos faoin chúr is na duilleoga báite
ag éisteacht domh le cumhacht an easa
ina uisce ciúbach ag dortadh
le meáchan mór.

Bhí croch chéasta sa tuar ceatha briste
bhí fuil iontach dhearg ar bhéal fhuar an tsléibhe
bhí an fharraige nimhneach ag a sáile féin
is í ag pléascadh a cuid airm
ar imeall bhán an chladaigh
ar lorg suaimhnis,
agus ba léir domh suaraíl an phéintéara bhig
agus súile na naomh
agus lámha na naomh
ní raibh siad in innimh
mé a theagasc go héasca
nó bhí mé gan tuigse féin.

Bhí sé mar ghlacfainn an áilleacht isteach le m'anáil
is gur éag mo chiall ar an bhomaite
is thriomaigh néal ina phéint ar an spéir
is gortaíodh súil ag géargha gréine
is facthas 'mé féin' ina fhigiúr aonair
brónach iar mbás beag an mhachnaimh.

An Ceoltóir Jazz

Níl sa ghealach amuigh anocht
Ach spotsholas eile
A aimsíonn tine dhraíochta
Ina fheadóg mhór;
Scinneann lasracha
Óna gha airgid
Anois le fuadar stoirme,
Éist! Ní féidir breith air.
Ní lena chroí amháin
A sheinneann sé
Ach lena chorp iomlán,
Féach! Tá taoide rabharta
Ag líonadh a chromáin,
Is nuair a thránn sé
Chím iasc ciúin
In íochtar an aigéin
Agus loinnir an cheoil
Ina shúil.

An Cúrsa Buan

Maidin Luain luath
Tá madraí an bhaile amuigh faoi adhall;
Tá na háirsí Spáinneacha, na póirsí ciardhubha,
Fós á searradh féin as cá bhfios cén tromshuan.
Scaoileann siad solas an lae isteach,
Díreach dóthain chun a gclósanna a nochtadh ar fad.
Dá mbeadh smacht agam ar riaradh na gréine anseo thiar
Ní chruthóinn a mhalairt ach ríocht na maidine seo féin.
Tá an Choirib, an ailtireacht is an spéir
Aerach fós ón suirí a bhí acu aréir;
Cloisim uaim an chóisir lárabhann,
Tá tonnta consairtín ag seinm fonn
A chuireann fuil an rince ionam ag rás,
Is braithim mar aon leis an maidin is leis an áit.
Ach ansin tosaíonn fallaí ag titim isteach,
Tagann gearranáil ar dhoras leithreas na bhfear,
Tagann formad orm le slatiascairí na habhann,
Lena stóilíní, lena socracht, iad beag beann
Ar an éadáil stáin a thugann siad i dtír,
Agus madraí an bhaile amuigh fós faoi adhall.
Ach mothaímse an sruth síoraí ag gluaiseacht i ngach féith,
Tugadh an abhainn seo anois mé ar a cúrsa buan léi,
Amach thar teora chladaigh, de sciuird faoi dhroichead na ndeor,
Bainimis amach farraigí arda nach ligfidh sinn go brách
  chun suain.
Ní fiú bheith ag badráil níos mó le doirse gearranála,
Seasóidh fallaí, sárófar na mianta comhriachtana laethúla.

Caoineadh na bPúcaí
(do Tony Mac Mahon)

Sí suaill na mara ón ngaoith id cheol
a bholgann le pabhar na bpúcaí ár seol

Le gach ólaí a rabhlálann dínn
scúnn na cuilithíní an craiceann dínn

An ghileacht draíochta is í ag méarnáil
oíche ré láin is tú ag turnáil

Idir do lámha easnaíocha an bhosca
ar na cnaipí do mhéireanna ag floscadh

Is cuma linn cá bhfuil anois ár dtriall
ach an chóir seo a bheith againn de shíor

Ní bhíonn riamh idir sinn agus an bás
ach ár gcroí faoi lánseol agus an canfás

I gcuasa ár gcluas cloisimid seiseon na róinte
is caoineadh na míol mór ina thulcaíocha tonnta

Feannaigh dínn a bhfuil d'fheoil ar ár gcnámha
mar a bhearrann an ghaoth anoir gainimh na trá

Nuair a bheidh ár bport seinnte is é ina dhuibhré
éalóidh na púcaí asainne agus beidh ansan ina bháinté

Carraig Aifrinn

Seachas dún dúnta na soiniciúlachta
Osclaíonn mo chroí amach
Do gheata cois trá i Muínis;
Treoraíonn sé go discréideach mé
Isteach in aerspás Chonamara,
Agus san áit nach bhfaca mé féin
Ar chor ar bith
I locha dubha a súl
Faighim cuireadh anois
Ó gheata adhmaid i Muínis.
Roinnim libh
Rún ciúin na maidine seo,
Rón muiníneach, ba ar dhuirling,
Is tagann an fharraige
Timpeall na carraige
Mar a scuabfadh sagart
A lámha le chéile
Le linn aifrinn.

Ceolta Óir

Uaireanta ba mhaith liom
a bheith im cheoltóir.
Theannfainn freanganna
as sreaganna an droch-chroí,
ghinfinn comhcheol luí seoil
le Máire Bhuí,
ise ar an sacsafón
mise ar na píobaí;
chífí an léim
a thug an fia
thar an gCéim,
chloisfí inár dtreo
glórtha eacha an chatha
ar sodar leo ar an dord.
Agus leis an nóta
is binne ar fad,
an sians glé a chruinníonn
ón anam glan sa ghob,
thitfeadh deoir óir amháin
go grinneall Loch an Ghuagáin
a chomáinfeadh le fána
ár bhfuil mhear
ina lúcháir iomlán.

Faoiseamh

Go dtí an loch a chuaigh tú, a Mhaitéis,
i bhfolach ó na daoine,
is do phéire gadhar ag lúfáir leat,
ba gáire bhí i do chaoineadh;
nuair a lig tú scread na maidine
is tú ag caraíocht leis an daol,
ba tafann a chuaigh mar phaidir leat
nuair a léim tú as an saol.

Mar fhaoiseamh ón mbrú intinne
a rinne damnú ar do thuigse,
tháinig an phian a bhí dod chiapadh
ina glugar go barr uisce;
te teolaí fós i leapacha
a bhí an dream a shilfeadh deora,
agus muiníl gheala ealachaí
mar choinnle ar do thórramh.

Trí scór bliain a d'fhulaing tú
is easlán faoi do chúram,
gan saoirse, só ná scíth agat,
lá seachtaine ná Domhnach;
gan goir agat bean an chuingir leat
mar fhaoiseamh d'uaigneas sléibhe,
ba breithiúnas aithrí an faoistin dhuit
ina mheall ar bhéal do chléibhe.

Ní bheidh crois mar chomhartha ómóis dhuit
san áit arbh áil leat séalú,
ach beidh an lile bhreac ina hionad agat,
is ón gcrois a bhí ag éalú;
chuirfeadh géanna fiáine sochraid ort
le nádúr is aimsir chrua,
is beidh leacoighir greanta ó lámha Dé
mar scríbhinn os cionn d'uaigh'.

Mórtas Dálach

Fann anois clann Dálaigh,
Fada ó sheol Aodh thar toinn,
Níl fios ar a ainm, féin,
Do réir mar a chluinim
Amuigh i Valladolid.
Chaoin Nuala go fras
Ach d'fhéad sí ligean den chaoi,
Tá sise fosta faoin chré,
Agus Aodh Mór agus Gorthaidh Laoch
Agus an Iníon Dubh lena spré.
Folamh caisleán Leifir,
Gan flaith, gan giolla faoina dhíon,
Ach go ndéantar dhá leith den domhan
Molfar fónamh do phinn,
A Mhághnuis, mhic Aodha, mhic Aodha Ruaidh,
Mhic Thoirdhealbhaigh an Fhíona
Uí Dhomhnaill.

bíntl

Adhlacadh mo Mháthar

Grian an Mheithimh in úllghort,
  Is siosarnach i síoda an tráthnóna,
Beach mhallaithe ag portaireacht
  Mar screadstracadh ar an nóinbhrat.

Seanalitir shalaithe á léamh agam,
  Le gach focaldeoch dar ólas
Pian bhinibeach ag dealgadh mo chléibhse,
  Do bhrúigh amach gach focal díobh a dheoir féin.

Do chuimhníos ar an láimh a dhein an scríbhinn,
  Lámh a bhí inaitheanta mar aghaidh,
Lámh a thál riamh cneastacht seana-Bhíobla,
  Lámh a bhí mar bhalsam is tú tinn.

Agus thit an Meitheamh siar isteach sa Gheimhreadh,
  Den úllghort deineadh reilig bhán cois abhann,
Is i lár na balbh-bháine i mo thimpeall
  Do liúigh os ard sa tsneachta an dúpholl.

Gile gearrachaile lá a céad chomaoine,
  Gile abhlainne Dé Domhnaigh ar altóir,
Gile bainne ag sreangtheitheadh as na cíochaibh,
  Nuair a chuireadar mo mháthair, gile an fhóid.
                                          Sscl

Bhí m'aigne á sciúirseadh féin ag iarraidh
  An t-adhlacadh a bhlaiseadh go hiomlán,
Nuair a d'eitil tríd an gciúnas bán go míonla
  Spideog a bhí gan mhearbhall gan scáth:

Agus d'fhan os cionn na huaighe fé mar go mb'eol di
  Go raibh an toisc a thug í ceilte ar chách
Ach an té a bhí ag feitheamh ins an gcomhrainn,
  Is do rinneas éad fén gcaidreamh neamhghnách.

Do thuirling aer na bhflaitheas ar an uaigh sin,
  Bhí meidhir uafásach naofa ar an éan,
Bhíos deighilte amach ón diamhairghnó im thuata,
  Is an uaigh sin os mo chomhair in imigéin.

Le cumhracht bróin do folcadh m'anam drúiseach,
  Thit sneachta geanmnaíochta ar mo chroí,
Anois adhlacfad sa chroí a deineadh ionraic
  Cuimhne na mná a d'iompair mé trí ráithe ina broinn.

Tháinig na scológa le borbthorann sluasad,
  Is do scuabadar le fuinneamh an chré isteach san uaigh,
D'fhéachas-sa treo eile, bhí comharsa ag glanadh a ghlúine,
  D'fhéachas ar an sagart is bhí saoltacht ina ghnúis.

Grian an Mheithimh in úllghort,
  Is siosarnach i síoda an tráthnóna,
Beach mhallaithe ag portaireacht
  Mar screadstracadh ar an nóinbhrat.

Ranna beaga bacacha á scríobh agam,
  Ba mhaith liom breith ar eireaball spideoige,
Ba mhaith liom sprid lucht glanta glún a dhíbirt,
  Ba mhaith liom triall go deireadh lae go brónach.

1943

An Stoirm

Tá an doras á chraitheadh is gan Críostaí ann
Ach gaoth dhall stuacach ag réabadh
Go liobarnach siar is aniar san oíche.
Tá a gúna á stracadh anonn is anall
Is á pholladh ag snáthaidí géara   *needles*
Na fearthainne, atá ag titim 'na mílte.
Tá an tseanbhean fá chritheagla ag féachaint suas   *mháthair*
Trí dhíon an tí, ag lorg Dé,
Is port gainmheach na fearthainne go diablaí thuas
Ag báitheadh an fhocail ar a béal.
Siúd léi go himníoch is coinneal 'na glaic
Ag daingniú na fuinneoige;   *tightening*
Nuair thit an solas coinnle ar an ngloine, las
Na ceathanna bolgóidí.
* Do ghortaigh dealg fhuar fearthainne mo lámh,
D'fhéachas de gheit;
Braon duibh as an bpeann reatha dhein an smál,
Bheadh braon fearthainne glan.

athraíonn
ar tor

tá sé ag fhaisteach athrú go dtí braon duibh. Tá sé ag saíobh dán - an saol realaíochta

Fill Arís

Fág Gleann na nGealt thoir,
Is a bhfuil d'aois seo ár dTiarna i d'fhuil,
Dún d'intinn ar ar tharla
Ó buaileadh Cath Chionn tSáile,
Is ón uair go bhfuil an t-ualach trom
Is an bóthar fada, bain ded mheabhair
Srathar shibhialtacht an Bhéarla,
Shelley, Keats is Shakespeare:
Fill arís ar do chuid,
Nigh d'intinn is nigh
Do theanga a chuaigh ceangailte i gcomhréiribh
'Bhí bunoscionn le d'éirim:
Dein d'fhaoistin is dein
Síocháin led ghiniúin féinig
Is led thigh-se féin is ná tréig iad,
Ní dual do neach a thigh ná a threibh a thréigean.
Téir faobhar na faille siar tráthnóna gréine go Corca Dhuibhne,
Is chífir thiar ag bun na spéire ag ráthaíocht ann
An Uimhir Dhé, is an Modh Foshuiteach,
Is an tuiseal gairmeach ar bhéalaibh daoine:
    Sin é do dhoras,
    Dún Chaoin fé sholas an tráthnóna,
    Buail is osclófar
    D'intinn féin is do chló ceart.

Oileán agus Oileán Eile

I: Roimh Dhul ar Oileán Bharra Naofa

[handwritten: Saol fisiciúil]
Tá Sasanach ag iascaireacht sa loch,
Tá an fhírinne rólom ar an oileán, *[handwritten: Saol na feallsúnacht]*
Ach raghad i measc na gcuimhne agus na gcloch,
Is nífead le mórurraim mo dhá láimh. *[handwritten: Cinnte dé féin.]*

Raghad anonn is éistfead san oileán,
Éistfead seal le smaointe smeara naomh
A thiomnaigh Barra Naofa don oileán,
Éistfead leo in inchinn an aeir.

II: Amhras iar nDul ar an Oileán

A Bharra, is aoibhinn liom aoibhneas do thí
Agus caraimse áitreabh do smaointe,
Ach ní feas dom an uaitse na smaointe airím
Mar tá daoscar ar iostas im intinn.

Le bréithre gan bhrí,
Le bodhaire na mblian,
Thuirling clúmh liath *[handwritten: grey fog - tionchar an uaigneas]*
Ar mo smaointe.

Mar chloich a cúnlaíodh
Do hadhlacadh iad,
Do truailleadh a gclaíomh
Im intinn.

Naoimh is leanaí
A bhogann clúmh liath
De cheannaithe Chríost
Nó de smaointe.

Tá an t-aer mar mhéanfuíoch
Ar m'anam 'na luí,
Bhfuil Barra sa ghaoith
Am líonadh?

Tá Barra is na naoimh
Na cianta sa chria
Is dalladh púicín
Ad bhíogadh.   ~(athrú) pulse

Tá tuirse im chroí
Den bhfocal gan draíocht,
Bíodh dalladh nó diabhal
Am shiabhradh.   - transformation

III: An Bíogadh

Tá ráflaí naomh san aer máguaird
Is an ghaoth ag fuáil tríd,
Tá paidir sheanda im chuimhne i léig,
Is mo smaointe á séideadh arís.

Anseo ar bhuaile smaointe naomh
Do léim chugham samhail nua,
Do chuala tarcaisne don saol
I nguth an éin bhí 'clagar ceoil.

Tá éan i gceist anseo

Tá an t-éan ag déanamh atá nádúrtha
Is mór an faoiseamh é sin

An ceol a raid sé leis an mbith
Dob shin oileán an éin,
Níl éinne beo nach bhfuair oileán,
Is trua a chás má thréig.

IV: Oileán Gach Éinne

I bhfírinne na haigne
Tá oileán séin,
Is tusa tá ar marthain ann
Is triall fád dhéin,
Ná bíodh ort aon chritheagla
Id láthair féin,
Cé go loiscfidh sé id bheatha tú,
Do thusa féin,
Mar níl ionat ach eascaine
A dúirt an saol,
Níl ionat ach cabaireacht
Ó bhéal go béal:
Cé gur cumadh tú id phaidir gheal
Ar bhéal Mhic Dé
Do scoiltis-se do thusa ceart
Le dúil sa tsaol,
Ach is paidir fós an tusa sin
Ar oileán séin,
A fhan go ciúin ag cogarnach
Ar bheolaibh Dé
Nuair do rincis-se go macnasach
Ar ghob an tsaoil.

V: Oileán Bharra Naofa

Tráthnóna ceathach sa Ghuagán,
Ceo ag creimeadh faille,
Do chuardaíos comhartha ar oileán,
Do fuaireas é i gcrannaibh.

Im thimpeall d'eascair crainn chasfháis,
Dob achrannach a leagan,
Do lúbadar 'ngach uile aird
Mar chorp á dhó ina bheatha.

Mar scríbhinn breacaithe ar phár
Is scríbhinn eile trasna air
Chonac geanc is glún is cruit is spág,
Fá dheoidh chonac dealramh Gandhi. · *baint aige le Saoirse*

A Bharra, chím i lúib na ngéag
Gur troideadh comhrac aonair
Idir thusa Dé is tusa an tsaoil
Anseo id gheanclainn naofa.

Nuair ghlanann ceo na fola léi
Tig áilleacht ait i rocaibh,   *Tá Saoirse le fáil*
Is féidir cló a mheas ann féin   *anseo*
Sa tsolas cnámhach folamh.

Tá sult na saoirse i gcló na gcrann,
Is grá don tsúil a fiaradh,
Tá dúil sa rud tá casta cam   *tuiscint den duine*
Is gráin don bhog is don díreach.   *corca*

Is fireann scríbhinn seo na gcrann,
Níl cíoch ná cuar in aon bhall,--
Tá manach scríte abhus is thall,
Sé Barra lúb na ngéag seo.

A insint féin ar Fhlaitheas Dé,
Ag sin oileán gach éinne,
An Críost atá ina fhuil ag scéith
An casadh tá ina bhréithre.

Is macasamhail dá oileán féin
Oileán seo Bharra Naofa,
An Críost a bhí ina fhuil ag scéith
An phúcaíocht ait i ngéagaibh.

VI: *An Sasanach agus Mé Féin*

Tá Sasanach ag iascaireacht sa loch
Is measaimse gur beag leis an t-oileán,
Ach ní feasach dom nach iascaireacht ar loch
Don Sasanach bheith ionraic ar oileán.

Raghad anonn is fágfad an t-oileán,
Fágfad slán le smaointe smeara naomh,
Raghad ag ceilt na fírinne mar chách,
Raghad anonn ag cabaireacht sa tsaol.

Siollabadh

Bhí banaltra in otharlann
 I ngile an tráthnóna,
Is cuisleanna i leapachaibh
 Ag preabarnaigh go tomhaiste,
Do sheas sí os gach leaba
 Agus d'fhan sí seal ag comhaireamh
Is do bhreac sí síos an mheadaracht
 Bhí ag siollabadh ina meoraibh,
Is do shiollaib sí go rithimeach
 Fé dheireadh as an seomra,
Is d'fhág 'na diaidh mar chlaisceadal
 Na cuisleanna ag comhaireamh:
Ansin do leath an tAngelus
 Im-shiollabchrith ar bheolaibh,
Ach do tháinig éag ar Amenibh
 Mar chogarnach sa tseomra:
Do leanadh leis an gcantaireacht
 I mainistir na feola,
Na cuisleanna mar mhanachaibh
 Ag siollabadh na nónta.

Píobaire na mBan

Faoi dheireadh nuair a tháinig
an lá go raibh air
bean a sholáthar dó féin,
d'aimsigh Tomás a' Leasa
na píobaí uilleann a bhí crochta
ar thaobh an bhalla
agus rinne a bhealach
thar chnoc amach
agus stad ní dhearna sé
gur shroich sé Log na gCaorach.

Le dul faoi na gréine
thosaigh sé ag píobaireacht,
na goltraithe tréana ceoil
ag líonadh an aeir mórthimpeall air
is ag titim anuas
mar cheo draíochta
ó na sléibhte is na cnoic
is ag líonadh
na ngleannta uaigneacha
le binneas na síoraíochta.

Is iomaí scéal a instear
faoi áilleacht an cheoil úd.
Bhí cailín amháin
a bhí ag crú na mbó
agus nuair a chuala sí an ceol
d'ardaigh sí a ceann

agus mar a bheadh sí faoi gheasa
d'fhág a hathair is a máthair
agus lean lorg an cheoil
riamh is choíche

gur shroich sí Lios na Caolbhaí
agus d'fhan le Tomás mar mhnaoi.
Ní hinsítear a thuilleadh
faoin bpíobaire agus a chéile
ina dhiaidh sin
ach tarlaíonn sé uaireanta
i gcathair iasachta mar Philadelphia,
Chicago nó Nua-Eabhrac, abair,
go stopann an t-óganach
fionnghruaigeach áirithe seo

ag na soilse tráchta
agus le cíor thuathail
na cathrach ina thimpeall
samhlaítear dó go gcloiseann sé
goltraí álainn ceoil
mar bheadh na píobaí á seinm
istigh ina chloigeann
ag méara meara ceoltóra
ach gan choinne athraíonn na soilse
is bíonn an aisling múchta.

Anseo ag Stáisiún Chaiseal na gCorr

Anseo ag Stáisiún Chaiseal na gCorr
d'aimsigh mise m'oileán rúin
mo thearmann is mo shanctóir.
Anseo braithim i dtiúin
le mo chinniúint féin is le mo thimpeallacht.
Anseo braithim seasmhacht
is mé ag feiceáil chríocha mo chineáil
thart faoi bhun an Eargail
mar a bhfuil siad ina gcónaí go ciúin
le breis agus trí chéad bliain
ar mhínte féaraigh an tsléibhe
ó Mhín an Leá go Mín na Craoibhe.
Anseo, foscailte os mo chomhair
go díreach mar bheadh leabhar ann
tá an taobh tíre seo anois
ó Dhoire Chonaire go Prochlais.
Thíos agus thuas tchím na gabháltais
a briseadh as béal an fhiántais.
Seo duanaire mo mhuintire;
an lámhscríbhinn a shaothraigh siad go teann
le dúch a gcuid allais.
Anseo tá achan chuibhreann mar bheadh rann ann
i mórdhán an mhíntíreachais.
Léim anois eipic seo na díograise
i gcanúint ghlas na ngabháltas
is tuigim nach bhfuilim ach ag comhlíonadh dualgais
is mé ag tabhairt dhúshlán an Fholúis
go díreach mar a thug mo dhaoine dúshlán an fhiántais

le dícheall agus le dúthracht
gur thuill siad an duais.

Anseo braithim go bhfuil éifeacht i bhfilíocht.
Braithim go bhfuil brí agus tábhacht liom mar dhuine
is mé ag feidhmiú mar chuisle de chroí mo chine
agus as an chinnteacht sin tagann suaimhneas aigne.
Ceansaítear mo mhianta, séimhítear mo smaointe,
cealaítear contrárthachtaí ar an phointe.

Cor Úr

Ciúnaíonn tú chugam as ceo na maidine
mus na raideoige ar d'fhallaing fraoigh
do ghéaga ina srutháin gheala ag sní
thart orm go lúcháireach, géaga
a fháiltíonn romham le fuiseoga.

Féachann tú orm anois go glé
le lochanna móra maorga do shúl
Loch an Ghainimh ar dheis, Loch Altáin ar clé
gach ceann acu soiléir, lán den spéir
agus snua an tsamhraidh ar a ngruanna.

Agus scaoileann tú uait le haer an tsléibhe
crios atá déanta as ceo bruithne na Bealtaine
scaoileann tú uait é, a rún mo chléibhe,
ionas go bhfeicim anois ina n-iomláine
críocha ionúine do cholainne

ó Log Dhroim na Gréine go hAlt na hUillinne
ón Mhalaidh Rua go Mín na hUchta,
thíos agus thuas, a chorp na háilleachta
gach cuar agus cuas, gach ball gréine,
gach ball seirce a bhí imithe i ndíchuimhne

ó bhí mé go deireanach i do chuideachta.
Tchím iad arís, a chroí, na niamhrachtaí
a dhearmadaigh mé i ndíbliú na cathrach.
Ó, ná ceadaigh domh imeacht arís ar fán:
clutharaigh anseo mé idir chabhsaí geala do chos
deonaigh cor úr a chur i mo dhán.

Cré na Cuimhne

Agus ach ab é gur chan mé thú i mo dhán, a dhuine,
rachadh d'ainm i ndíchuimhne . . .

1

Amuigh ansiúd i mbéal an uaignis
ag leanstan lorg a shinsear go dílis;

Ag dreasú caorach, ag beathú eallaigh,
ag mairstean go dtiocfaidh an bás.

Mar mhadadh ag cur car i gcaoirigh
is iomaí mairg a bhain an saol as

Ach bhí sé i dtólamh suáilceach, lán de chroí,
'is beag ár sáith agus is gairid ár seal

Agus níl a dhath is deise ná gáire geal,'
a deireadh sé, mé i mo shuí ag baint taitnimh

As an eatramh ghréine a thigeadh ina aghaidh
idir ceathaideacha pislíneacha a chuid cainte;

Stothóg fionnaidh ag gobadh as a léinidh
chomh liath le broc ag gabháil i dtalamh;

Boladh nádúrtha a cholainne chomh teolaí
leis an easair úrluachra a leagadh sé gach lá

Ar urlár an bhóithigh. 'Tchí Dia, cha dtig leis na ba
ach oiread linn féin luí ar an leac lom.'

2.

Mar thréadaí, bhí aithne cinn aige ar na caoirigh
agus iad ainmnithe go cruinn aige as a dtréithe;

'Raimsce na Coise Duibhe, Peata Abhainn an Mhadaidh
Bradaí an Leicinn Bháin agus Smiogadán na hAitinne',

Ainmneacha a sciorr as altán a bhéil comh héadrom
le héanacha an tsléibhe ag éirí as dos agus tom.

'Ná bí lom leis na caoirigh is cha bhíonn na caoirigh
lom leat,' a deireadh sé liom i dtús an gheimhridh

Agus é ag tabhairt ithe na glaise daofa ar na híochtair
nuair a bhíodh an t-iníor feoite ar na huachtair.

3.

Bhí sé i gcónaí deaslámhach i mbun a ghnaithe, díreach
agus néata. Agus cocaí na gcomharsan cam agus ciotach

Shín a chuidsean i línte ordúla chomh teann le dorú.
Bheartaigh sé a chuid cróigeán ar bhlár an chaoráin

Amhail is dá mba clár fichille a bhíothas a shocrú.
Bhí a charabhat Domhnaigh chomh righin le bata draighin.

Agus é ag tabhairt bheairdí air seo, bheairdí air siúd,
tharraingeodh sé go haicseanta as cruach na cuimhne

Scéalta chomh cumtha ceapaithe le sopóg chocháin;
Ó shin tá mé á muirliú is á n-athchognadh i m'aigne.

4.

Dálta na sreinge deilgní a bhí timpeall a gharraidh
bhí a chuid orthaí cosanta á chrioslú i gcónaí:

Bratóg Bhríde agus Créafóg Ghartáin fuaite i gcoim a bhrístí
lena chuid bheag den tsaol a chosaint go colgach

Ó bhaol agus ó bhradaíocht na dúchinniúna,
a dhéanfadh foghail, ach seans a fháil, ar cheapóg a bheatha.

Ach in ainneoin a dhíchill dhéanfaí slad air go tobann:
chaillfí bó leis i ndíog; d'fhágfaí é gan phingin, gan bhonn

An t-am a dtáinig na tincléirí chun an tí is é ar Aifreann
agus d'imigh lena raibh ann. Le gaoth shéidfí a chuid stucaí
  as cuibhreann

Isteach i gcuid na comharsan, fear nár bheannaigh dó le blianta.
Ach sháraigh sé gach lom, gach leatrom, lena gháire mór cineálta

A d'éirigh ar íor a shúl is a spréigh anuas go solasta
thar leargacha a leicne, á n-aoibhniú le gnaoi;

Agus nuair a d'fiafróchainn dó caidé mar a bhí rudaí
deireadh sé, 'Buíochas le Dia, tá mé ag mún, ag cac is ag feadalaigh.'

5.

Má tháinig taom teasbhaigh air ariamh
ina leabaidh aonair nó in uaigneas na gcuibhreann

A dhrúisigh an croí ina chliabh
is a rinne reithe geimhridh den fhear ann

Char chuala mé faoi. Bhí sé faiteach le mná
is cha n-úsáideadh sé an focal 'grá'

Go brách ach oiread is a chaithfeadh sé a lámha
thart ar fhear eile i mbráithreachas;

Is má shlíoc sé a dhath níos sochmaí
ná droim madaidh agus é ag bánaí leis cois teallaigh;

Is má chuaigh sé gabhalscartha ar a dhath níos boige
ná ceathrúna loma caorach agus iad á lomadh aige

Bheadh iontas orm. An síol a scaip sé lá dá shaol
chan ar ithir mhéith mná a thit sé

Ach ar dhomasach dubh an tsléibhe a dhiúl
sú na hóige as a chnámha gan a dhúil a shásamh . . .

6.

'Tá mé anseo ag caitheamh an tsaoil
is an saol ár gcaitheamh is baol,'

A dúirt sé liom ar mo chuairt dheireanach;
stamhladh gaoithe ó Mhám an tSeantí

Ag tógáil luaithe ar fud na cisteanadh;
é rite as anáil, a chnámha ag scamhadh.

Lá béalcheathach amach san Earrach
é sínte i gcónáir agus muid á fhaire;

É sínte amach chomh díreach le feagh
i gculaith Dhomhnaigh is a ghnúis mar leanbh;

Dúirt bean dá ghaolta agus í á chaoineadh
'bhí a bheo chomh díreach lena mharbh.'

7.

Féach anois mé ag sléachtadh anseo roimh leathanach
atá chomh bán leis an línéadach a leagadh sé amach

Do theacht an tsagairt agus ar an altóir bhocht thuatach seo
ceiliúraim le glóir an bhriathair a bheatha gan gleo

Is cé nach mbeidh béal feara Éireann á mhóradh go deo
i gcré seo na cuimhne coinneoidh mé glaine a mhéine beo.

Níl Aon Ní

Níl aon ní, aon ní, a stór,
níos suaimhní ná clapsholas smólaigh
i gCaiseal na gCorr,

ná radharc níos aoibhne
ná buicéad stáin na spéire ag sileadh
solais ar Inis Bó Finne.

is dá dtiocfá liom, a ghrá,
bheadh briathra ag bláthú ar ghas mo ghutha
mar shiolastrach Ghleann an Átha,

is chluinfeá geantraí sí
i gclingireacht na gcloigíní gorma
i gcoillidh Fhána Bhuí.

Ach b'fhearr leatsa i bhfad
brúchtbhaile balscóideach i mBaile Átha Cliath
lena ghleo tráchta gan stad,

seachas ciúinchónaí sléibhe
mar a gciúnaíonn an ceo le teacht na hoíche
anuas ó Mhín na Craoibhe.

Seanchas

Fearacht mo leithéide eile
Scaipeadh mo dhream daoine,
Níl agam de sheanchas feasta
Ach smearchuimhní cinn m'athar.

B'as Deilbhean in iarthar na Mí
Ó thuaidh go Carraig Mhachaire Rois
Ina chléireach ag candálaí an bhaile
A chuaidh a athair sin tráth.

Taca an tséasúir chéanna, tharla
Ina printíseach álainn siopa
As ceantar Bhéal Áth' hAmhnais
Bríd Ní Gharbháin aniar.

Cén gean a thugadar dhá chéile
Ní de mo ghnaithesa a mheas –
Ach choidir coimhthíoch le coimhthíoch
Is streachail siad a mbealach aníos.

Ar scáth a gcuid allais siúd
Tá spás ag mac a mic
A bhfeartlaoi anois a chumadh,
Na riaráistí cinniúinte a íoc.

Ar cuma dhúinn an ginealach?
Ar an bhfuil nach beag ár mbeann,
Ós dhúinne is goire an carthanas
Ná gaol briosc na gcnámh?

Maran i nganfhios a shiúltar
Cosán dearg na muintire,
Maran dhár mbuíochas a leantar
Pleain an tsinsir sa smior.

Tá idir toil is timpiste
Ar chúla gach a gcuirim i ngníomh,
Ach altaím inniu gur mar seo
Is nach mar siúd a tharla.

Marbhghin 1943: Glaoch ar Liombó
(do Nuala McCarthy)

Saolaíodh id bhás thú
is cóiríodh do ghéaga gorma
ar chróchar beo do mháthar
sreang an imleacáin slán eadraibh
amhail líne ghutháin as ord.
Dúirt an sagart go rabhais ródhéanach
don uisce baiste rónaofa
a d'éirigh i Loch Bó Finne
is a ghlanadh fíréin Bheanntraí.
Gearradh uaithi thú
is filleadh thú gan ní
i bpáipéar *Réalt an Deiscirt*
cinnlínte faoin gCogadh Domhanda le do bhéal.
Deineadh comhrainn duit de bhosca oráistí
is mar *requeim* d'éist do mháthair
le casúireacht amuigh sa phasáiste
is an bhanaltra á rá léi
go raghfá gan stró go Liombó.
Amach as Ospidéal na Trócaire
d'iompair an garraíodóir faoina ascaill thú
i dtafann gadhar de shochraid
go gort neantógach
ar a dtugtar fós an Coiníneach.

Is ann a cuireadh thú
gan phaidir, gan chloch, gan chrois
i bpoll éadoimhin i dteannta
míle marbhghin gan ainm
gan de chuairteoirí chugat ach na madraí ocracha.

Inniu, daichead bliain níos faide anall,
léas i *Réalt an Deiscirt*
nach gcreideann diagairí a thuilleadh
gur ann do Liombó.

Ach geallaimse duit, a dheartháirín
nach bhfaca éinne dath do shúl,
nach gcreidfead choíche iontu arís:
tá Liombó ann chomh cinnte is atá Loch Bó Finne
agus is ann ó shin a mhaireann do mháthair,
a smaointe amhail neantóga á dó
gach nuachtán ina leabhar urnaí,
ag éisteacht le leanaí neamhnite
i dtafann tráthnóna na madraí.

Aifreann na Marbh

1. Introitus

Músclaíonn an mhaidin ár míshuaimhneas síoraí.
Breathnaím trí phána gloine
Clogthithe na hÁdhamhchlainne
Ár gcuid slinn, ár gCré, ár gcúirteanna
Ar snámh san fhionnuaire.
Nochtann as an rosamh chugam
An ghlanchathair mhaighdeanúil
Ag fearadh a haiséirí:
Músclaíonn an mhaidin ár míshuaimhneas síoraí.

Broinneann an ceatal binnuaigneach i mo chroí
Ar fheiscint dom a háilleachta,
Géagshíneadh a gealsráideanna
Le hais na habhann, na coillte,
Líne na gcnoc pinnsilteach
Á háitiú ina céad riocht –
Mo chailín cathrach fornocht
Ina codladh ag áth na gcliath:
Músclaíonn an mhaidin ár míshuaimhneas síoraí.

Tagann an aisling rinnuaibhreach anoir,
Scaipeann rós is airgead
Trí smúit a calafoirt
Ina lá léaspairte, súnás
Ag éigniú a maighdeanais
Nó go bhfágtar gach creat

Gach simléar, gach seolchrann
Ina chnámh dhubh, ina ghrianghraf
Ag léiriú inmhíniú mo laoi:
Músclaíonn an mhaidin ár míshuaimhneas síoraí.

4. Dies Irae

Busanna uaine, brionglóidí ar luail
Ag breith a samhaltas ón bpluda méasasóch
Go hInbhear Life ag éagaoin thar an ród
Is an dá bhord luchtaithe. Gluaiseann
An t-am, maireann an tsamhail, gluaiseann
An t-iomlán againn, na haghaidheanna ciúine,
An croiméal agus an toitín, an púdar cnis,
Béaldath an chorail ar bhéal gan smid
Is ingne néata as a dtámhnéal ag ofráil
Leathréal an phasáiste don oifigeach,
Agus gluaisimid, glúin le glúin, sinne,
An t-aonarán agus an t-aonarán agus an t-aonarán
I mbroinn na huaire cuachta le chéile
Faoi shreabhanna stáin agus gloine gléasta
Trí reitric nóin na cathrach, séidtear
An adharc ag freagairt don adharc inár dtimpeall,
An uaim ag freagairt don uaill i mo chuimhne –

Lá gréine na blaisféime
Shéideamar Hiroshima.

Gluaiseann siad glúin le glúin ar aghaidh
An t-ógfhear agus an ghealbhé
In uamanna coil, síol Éabha,
An chlann chumhra, cúpla an chéad gháire,
Go léirítear an dá aghaidh ghléineacha
In aisling an bhus seal gréine
Idir dhá chith ar ghloine bhraonfhliuch
Clóbhuailte, cruinn, ciontach, ach a Chríost chéasta
Dearcann siad fós as croí a gcumhrachta
Go súil-loinnreach, súil-álainn –

Cé go bhfuil an dán i gcló
Is bláthanna a kimónó
Ina gcuspaí go beo scríofa
Ar óguachtar óghbhríde,
Gluaisimid, glúin le glúin, féinsiabtha,
An ghlúin seo againn gan faoiseamh
Trí bhloscbhualadh na loiní, cuislí
An bhaibéil a ghineamar, géarghiaranna,
Golfairt na gcoscán, freang, tormáileanna,
Géimneach an mhiotail ag olagón, clog,
Teangmháil an tarra le ruibéar na roth
Ag fearadh an tochmhairc gan toradh broinne
Sa smúit seo, teimhealaois an duine,
An tsúil gan súil, an leiceann geal le gloine,
An ghlúin seo againn in ísealghiar ag imeacht
Béal ár gcinniúna romhainn amach
Fad sráide ag fearadh an tochmhairc.

Nochtamar i lár sráide
A mhaighdean na Seapáine
Go comair docht ar do chneas
An tochmharc agus an toircheas.

Tuireamh na roth. Clog. Fógraíonn
An stad is an t-imeacht, clingeann i mo chuimhne
Ag fógairt an Luain seo lá an fhíocha
Nuair atá cling na gloine briste le clos –
Ná tuirling go stada an bus.
Ná tuirling ar an tsráid iarnóna
A Chríost mhilis uaignigh na híoróna.
Álainn a dúirt mé, fánach mo ghuth
Ar dhroichead Uí Chonaill trí thuireamh na roth
Agus clingeann an clog. Meangadh tarcaisne
A sheolann an ghrian chugainn tríd an bpána.
Snámhann na haithinní deannaigh ar ala na huaire,
Rince fada na n-adamh ar tonnluascadh ·
Arís agus arís eile agus beirt eile fós,
Rince na n-adamh is a n-eibhlíní cumhra
Agus dusta na giniúna ar a cheolchúrsa
I gcéilí an Luain seo ar an sean-nós
Nó go dtagann anoir chugainn i ndeireadh na dála
An mhaidin á doirteadh ar imeall na sráide
Is go mbriseann an meangadh gréine ar an bpána
A nochtann an ghealbhé ina cinniúint caillte,
A haghaidh álainn ón scáil aníos
Agus cnámh an chloiginn tríd an gcuantanós
Agus sonann an croí istigh ionam, faí chéasta,

Lá gréine na blaisféime.

Faighim sracfhéachaint ar an Life amuigh
Seal gréine idir dhá chith
Ag frithchaitheamh an Lúnasa, dáil na n-éan,
Oireacht na bhfocal is na bhfaoileán, seal
Finscéil, an lá feacht naon in éineacht
Le lapadaíl loinnreach na glanGhaeilge
A mhúnlaigh Lugh i mbroinn d'Eithne.
Tá criú beirte ar shodramán birlinge
Ar liathradh fúinn ar scéamh a heitre
Ag breith uainn sláinte Mhic Aonghusa
Soir, soir le sruth. D'ullmhaíomar
Greann gáirsiúil an fhinscéil, ghineamar
Ár n-aingeal coimhdeachta i mbroinn na heithne,
Is gurb ionann E agus Mc cearnaithe –
Is é ár ngrá Dé é, ár ndiúigín beannaithe
Ár Lugh Lámhfhada, an fionnpháiste,
Agus lá fhéile an tSamhildánaigh

Shéideamar Hiroshima.

Cé trácht, moillíonn an bus ag preabarnach
Chois leacht Uí Chonaill, é ina chlóca dealfa
De chré-umha is a cheathrar aingeal
Ag fulaingt na gcomharthaí suirí a thochail
Piléir an Renaissance ina gcíocha collaí.
Tiontaíonn fear gorm chugam faoi hata gréine
Ag fiafraí díom cé hé? – An Liberator.
Scríobhann an tuairisc ina leabhrán nótaí,
Is a Chríost uaignigh na híoróna.
Scaoileamar chugat a stór
An lá sin an fuascailteoir

An lann sheasc a scaoil ar chrois
Ballnasc ár gcuid muintearais.

Ar aghaidh, ar aghaidh athuair. Sinne
An mhuintir a thúg cúl le cine,
Trí Bhéarla briste shiopaí na sráide,
Sloinnte briotacha, iarsmaí, scáileanna
Na seacht dteangacha buailte ar chlár,
Snámhraic shibhialtachta. Deoch, tobac,
Arán agus amharclanna, liodán an duine
Trína seoltar i gcónra ghloine.

Sinne, na mairbh fuair bás
In Áth Cliath is in antráth

De bheagshuim, de shuan aigne
Ar phríomhshráid phríomhchathrach
Ag bogadach béal ár gcinniúna romhainn
Ar an tsochraid laethúil thar an Meatropóil
Gan aird againn ar an rúndiamhair
In ainm na máthairchathrach scríofa
Sa neonsolas lá an fhíocha
Ag faisnéis dúinn ár gcluichí caointe.

Maith dúinn más féidir sin
Nár chuireamar ón Duibhlinn
Le grá do do bhráid mhín
Féirín níos fearr, a shiúirín.

Suíonn an bhean ina staic, tá creat
A seangsparáin fáiscithe chun a huchta

Le méara atá feoite ag an tsóid níocháin,
Méara máthar múnlaithe ag an ngannchuid;
Feicim glibín dá liathghruaig ar fhis
Thar roic na clainne ina cláréadan,
Dreach tíriúil, ite ag na fiacha,
Ag smaoineamh ar a hiníon i gcoigríocha.
Bíogann splanc thuisceana. Beochré, b'fhéidir?
Ach níl ann ach deoirín dearg ó fhuinneog an tseodóra
Thar an tsráid chugainn; gointear a taibhreamh
Ag caorthine na flannchloiche
Agus gan fhios di féin titeann a súil
Ar chuibhreann simplí a céadphósta. *Siú.*

Tá brón orainn faoinar éirigh duit
Is deas a scríobhfainn véarsaí duit
Ach seod gaoil a dháileadh ort
A róisín nach ródhéanach

Nuair atá an peaca agus an bás ar chlár le chéile,
Scáileanna ar ghloine, seal gréine,
Agus scuabtar an t-iomlán chun siúil. Glórtha
Ghasraí na nuachta ag géarfhógairt
Miontragóidí na hiarnóna
Lá an Luain i gceartiarthar Eorpa
Mar a gcastar sinn, an ghlasaicme,
I luí seoil seasc agus suan aigne
Ag breith trí rúraíocht na beatha
Ár gceamairí néata ina gcásaí leathair
Nó go labhraíonn teanga ón ársaíocht,
Guldar siollabach an druillire leictrigh
Ag tochailt na teibíochta is ag tabhairt le fios
Gairbhéal an ghrinnill ar a mairimid –

Ina bhlosc toll, éirim éigse
Oighrí ar Eriugéna,
Ár nuadhán faoin ród do bhris
Ag sárú do mhaighdeanais.

Meánfach mhúinte ón ngealbhé.
Lonraíonn a scáil go breacghrianmhar
Briste ag braonséis gloine-éigse,
Smaoiním ar Afraidité agus Primavera.
Beireann sí léi ina béal mealltach
Coral agus péarla na mara ina mairimid
Go patdiaga, patbháite.
Suíonn an mháthair ina staic smaointeach.
Bíogann leathshúil an fhir ghoirm
Mar bheadh an ball beosholais a scríobhamar
Ar thuama Faró ag tochailt na síoraíochta.
Is liomsa a charabhat is a hata gréine,
Ach ní liomsa saibhreas na haoibheallaislinge
Ní bhíonn a chuid di riamh ag an taistealaí
Ar an ionramh riachtanais idir an dá Luan.
Cloisimid tine an tsíoda gheanmnaí
Ar cluainsioscadh, agus cuireann sí glúin thar ghlúin . . .

Gaza per undas

Saibhreas san uisce. Ár gcomhréir scaoilte.
Bloscbhuaileann an loine mhiotalach.
Liongálann an t-oifigeach agus é glac-chrochta
Ón mbarra cróimiaim, caochann a shúil.
Fanann an mháthair ina staic feasa.
Ach is liomsa an gáire i mbolg an cheannaí,

Plucaire a dhéanann muca a onnmhairiú
Thar ghlúine geala bréidchaislithe
Na géibirne mara ag umhlú faoina mhaoin –
Is gurb shin í an chráinín, mh'anam, nár chaill an clíth –
Músclaíonn an mhaighdean ár míshuaimhneas síoraí.

Deacair teacht ó ghalar grá
Deacair dul san iomarbhá
Deacair don bhradán feasa
A léim in aghaidh caoleasa.

Cé scaoilfeas mé ó bhirling seo an bháis?
Nó cad é an cladach báite ar a bhfuil ár dtriall?
Ní mar seo a samhlaíodh dom an pasáiste
I dtráth na hóige ar thóir an fhocail chruinn
Is gurbh fhearr liom aon líne le Safó ná laoithe Fhinn.
Ní raibh mé ag súil le pluda an fhinscéil
Ná leis an loine mharfach i ngnás an tsaoil
Ag tollbhloscadh, teanga na tola
Sa seanmheadar agus sa tseanchiall,
Agus géillim don tsruthmhian. Faighim sracfhéachaint
Trí smúit ghréine in éigean an phasáiste
Ar shiopa Éasoin is ar ghléineacht a phána
Mar a bhfuil áilleacht na leabhar slim ag léiriú

Céadéirim mo chéad Éabha
Unde mundus judicetur.

Tá roic na clainne ina cláréadan.
Lúbann an plucaire ceannaí a ghéaga
Thar chuar a bheiste, ag gormú a chuimhní cinn.

Leanann an tAfraiceach de bheith ag stánadh
Amhail is dá séidfí taise faoina chroí
Don bhánchneas. Lasann an t-ógfhear toitín
Ag cupánú a dhá bhois don bhladhm.
Tá an mhaidin ina haghaidh,
Ar ghile na luaithe a shileann comhsholas a cúil
Tá aithinní órga ina rosca suain –

Feicim an focal – file
A d'adhain an bheothine
Le macnas meisciúil ar strae
In inbhear den chiúinaigéan.

Fornocht a fheicim iad, cnámha na háille,
Na feadcholúin, fáschloch na Corainte
Ag éirí as an rosamh ar an láimh chlé.
An aí íon. Níor shábháil sí sinn.
Ach fanann againn an creatlach geintlí
Ag beannú ár gcaidrimh le bailte i gcéin
I nGötterdämmerung Sinn Féin.
Fiosraíonn an tAfraiceach díom ainmneacha
Na n-íol bréige ar an G.P.O. –
Cé dó a bhfuil an teampall tíolactha?
Don dia, a chara, anaithnid, aineoil –

Murab é an smál a ling
Ina fhiach dubh ar mo ghualainn
Táinchríoch inar chlis m'óige
Lántuiscint na tragóide.

Deireadh cúrsa. Tuirlingimid.
Tá gaimh an Lúnasa sa lá amuigh
Seal gréine idir dhá chith.
Tá beanna oifigí, íola bréige,
Manaí coigiltis, fiacaltaosanna,
Speireanna creidimh agus scrínréaltaí
I bhfeidil ghliogair sa tsráidéigse.
Scríobhann an t-oifigeach tuairisc an phasáiste,
Cniogann stiletto, cnagann sála,
Taibhsí ag tuirlingt ar an aimsir láithreach
Mar a bhfuil an tsamhail ag feitheamh linn ón anallód
Ag bunchloch an túir, na gladioli
Ina gclaimhte solais ag leonadh mo chuimhne,
Is a dhia anaithnid cad ab áil leat mar leorghníomh?
Ach deir mo choiscéim liom gur ródhéanach
Go bhfuil an tráthnóna ann agus an Táin déanta,
Agus insíonn sioscadh na sciortaí síoda
I meisce thuisceana lá saoire
Gur shéideamar Hiroshima. Tugaim
M'aghaidh ar an ród seo romham, *persona*
Trína séideann tamall táinghlórtha
Na bhfilí atá as cló na gcéadfaí
Ag faisnéis dom nár éag an ceol seo. Clingeann
An ollchathair i mo thimpeall. Croitheann
An chloch bhunaidh. Cloisim
I mbúireach an tráchta san iarnóin

Europa de gháir gharbh
Ar dáir don diatharbh.

Críonann an spéir. Tosaímid ag rith.
Agus tuirlingeann an cith.

Oíche Nollag

Dá mbeadh mileoidean agamsa
Ní bheadh Críost gan cheol anocht
Is é ag teacht ó áras bán a fhlaitheasa
Chuig an mainséar bocht,
Do sheinnfinn ceol dó chuirfeadh gliondar ar a chroí
Ceol nár chualathas riamh ag píobaire sí
Ceol chuirfeadh na réaltaí ag rince i spéartha na hoích'.

Ag an Aifreann amárach beidh an cór ann,
An tSiúr Muire na nAingeal ag an *harmonium*
Brídín go géarghlórach
Liam s'againne is snas ar a bhróga
Is gan focal den Laidin ar a eolas
Ach *chorus angelorum*.

Ach dá mbeadh mileoidean agamsa
Is neart ina bholg séidte
Mo dhá ordóg faoi shnaidhm sna strapaí
Mo mhéara spréite
Mh'anam ach go gcuirfinn fáilte roimh Chríost.

Ach cén mhaitheas dom bheith ag rámhailleach,
Tá mo sheanbhosca stróicthe ag clainn m'iníne
Na comhlaí bainte de ag Liam
An saibhreas a bhí istigh ann caite scaipthe scáinte leis an ngaoith.

Í féin, níl tuiscint an cheoil aici
Ghlac sí páirt na bpáistí

Liam s'againne agus Brídín,
Is an fear a fuair sí
Athair na bpáistí –
Uch, an duine bocht fial.

Táid go léir ina gcodladh faoi na frathacha
An tine ar leathshúil dhearg ag stánadh orm
Ón tinteán
Amhail is dá mbeadh sí ag fiafraí díom
Cén fáth nach bhfuilim ag fáiltiú
Roimh Íosagán.

Tá ciúnas ar an saol mór máguaird
Cé is moite de ghiob-gheab na fearthainne ar an díon
Méara binbeacha na fearthainne ar an díon
Ag seinm tiúin

Méara friochanta na fearthainne
Méara fada fuinniúla na fearthainne

Méara bríomhara binbeacha bíogúla ag scinneadh go haclaí
Ó chomhla go comhla
Ó chorda go corda
Ag fuascailt an ionnmhais cheoil –
Ceol láidir ina lán mara
Foinsí caola réshilteacha ceoil
Sprinlíní ceoil ag spréacharnach
Ceol chomh ciúin le cuisle an chroí chiúin
Ceol meidhreach ríghealgháireach
Snaidhmeanna cliste fite tríd an gceol
Ceol á scairdeadh mar fhíon dearg, á scaipeadh mar airgead geal

Ceol ina cheathanna de ghiníocha óir
A bhronnfainn air
An leanbh ina mhainséar bocht –

Sea mhaise, dá mbeadh mileoidean agamsa
Ní bheadh Críost gan cheol anocht.

Christy Ring

Do thriail sé an ní dodhéanta
formhór gach Domhnach ar an bpáirc,
is uaireanta rith leis.

Ar leathghlúin dó
teanntaithe i gcúinne
nuair las a shúil –
réamhchríostaí, leictreonach –
is gur dhiúraic an liathróid uaidh
thar trasnán,
chrith an t-aer le hiontas.

Nuair thug gan coinne
aon ráig ghlan fiain
trí bhulc na bhfear
is gur phléasc an sliotar
faoi smidiríní solais
sa líontán
do liúigh an laoch
san uile dhuine.

Aon neomat buile amháin
in earr a ré
is é Cúchulainn
bhí 'na ionad
ar an bpáirc:
d'at a chabhail
i radharc na sluaite,
do bholgaigh súil

is do rinc ar mire,
bhí cnagadh is cleatar,
liútar-éatar,
fir á dtreascairt,
fuil ag sileadh –
is nuair rop trí cúil isteach
bhí seandéithe Éireann uile
ag stiúrú a chamáin.

Dúirt bean os cionn a choirp
tráth a bháis anabaidh:
'ba mhór an peaca é
an fear san a adhlacadh.'

Ní féidir liomsa fós
Christy Ring a adhlacadh . . .
Samhlaím é uaireanta
is é ar buanchoimeád,
sínte ar leac na honóra
i mBrú na Bóinne
is Aonghas Mac an Daghda á choimhdeacht
go dtí an leathuair bheag gach Geimhreadh
go soilsíonn ga gréine go hómósach
ar a chúntanós.

Ach ní fhéadfadh aoinne againne
a mhair faoi bhriocht ag Christy Ring
é leagadh uainn go buan faoi ghlas
i measc míorúiltí na seanmhiotas –
mar, ó na míorúiltí
chonaiceamar dáiríre

is a chúntanós faoi loinnir
formhór gach Domhnach
Geimhreadh is Samhradh
ar an bpáirc.

Iomramh

Cá bhfuil déantús na fírinne a fháinnítear sa ghaoth
treoraithe ó chian na n-uiscí uchtúla
isteach i bhfirmimint na huaire inar rugadh sinn
is ár n-eiseamláirí cothaitheacha múnlaithe
agus cá mbeathaíonn an socair chugainn san athrú:

Cén t-éalú a scoithimid i lofacht bhailithe an tsíl
óna bpéacann gach beart cruinn ina n-éadaímid
fís chéanna duine, saoil is sárshaoil,
ar crann eile, céanna, mustaird é:

Ábhar aonghné úraeráid bhriste ídithe na mblian,
nuachló a ráiníonn loingeas na sinsear faoi athbhréid,
glan, céanna, ó scáinte silte,
inmhairnéalaithe trí radarchreideamh ceo meala is seaca,
faoi chéannacht stiúir is phalmaireacht,
dár n-ualú isteach in aon imeacht doimhneachta?

Clog

Chuireas an clog sa chuisneoir anocht
(Deir daoine go bhfuilim ait) Buaireann cloig mé
Bodhrann siad mé
Tá treibh áirithe (n'fheadar cá has iad)
Nach bhfuil smachtaithe fós ag Am
Is ionann inné
Is an bhliain seo caite
Dar leo
(Deir daoine go bhfuilid ait)
Mar shampla, gheofá bille bainne t'athar chríonna ann
Ach ní thógfá puinn ceann dó
Gan dabht.
Chuireas an clog sa chuisneoir anocht
D'fhonn rud éigin (nach eol dom go pras)
A chruthú:
Dúiseoidh an biatas, an cháis is na cairéid reoite
Ar a deich chun a hocht
Léimidís ar an mbus
Is róchuma liom
Chuireas an clog sa chuisneoir anocht.

Teilifís

(faoi m'iníon Saffron)

Ar a cúig a chlog ar maidin
Theastaigh an teilifís uaithi.
An féidir argóint le beainín
Dhá bhliain go leith?
Síos linn le chéile
Níor bhacas fiú le gléasadh
Is bhí an seomra préachta.
Gan solas fós sa spéir
Stánamar le hiontas ar scáileán bán.
Anois! Sásta?
Ach chonaic sise sneachta
Is sioráf tríd an sneachta
Is ulchabhán Artach
Ag faoileáil
Os a chionn.

Fáilte Romhat Isteach

Tá bréantas
mar ghéire bainne
ar foluain san aer,

mar éadaí
plódaithe fágtha
san aon áit ó chianaibh;

cumhracht
mar phutógaí lofa.
Cas do cheann uaithi?

Dún
na súile? Do shrón
bogthógtha? Á, a dhuine,

bolaigh
an bhualtrach
a chrochann ar cháise,

ar aibíocht
eipiciúrach
Ghorgonzóla:

beidh
sin ceart gan
aon amhras don chóisir.

Siúil leat
trén rírá carnaithe
ag Bean Uí Shraoill.

Dreapann
a smuilcíní
go buan.

Fodhomhan

Is cian ó chanamar
I gcéadóir do Chaintic
A ghréin, ach ní tusa an Uilechumhacht.
Fear ainglí Assisi
Ná farraige, ná Inca,
Níor inis duit na dúichí ná géilleann dod ghlóir.

An fharraige níor inis duit,
Is ba leor leat mar dhílse uaithi
Drithle 'na gormshúil ag freagairt dod phóg.
Meangadh lér mealladh tú,
Drithle lér dalladh tú,
Ar na dúichí ná géilleann dod ghlóir.

Rúndúichí an chlapsholais,
Fearainn fhuara an ghlas-sholais,
Síoraí a dtost.
Ciúin iad na bealaí – na feánna fiara síos,
Ciúin iad an chuideachta ag fiarthaisteal síos
Chun a sos.

Agus an t-iasc gan dath
Gona shúil gan dath,
Is balbh a thuras
Trén gcoill gan cogar,
Tré chranna na long nach snámhann.

Scrios an sáile den leathanach
Croinicí gach eachtra,
Scaoil sé gach ceist.
Scriosadh iarsmaí gach feoilmhian
Le sáilshruth tré easnacha.
Is an féidir nach é sin
An Cuntas Glan?

Foinsí

Béaslaí, Piaras, 'An Fiach Dubh', *Bealtaine 1916 agus Dánta Eile*, Cló na Saoirse 1920

Bergin, Osborn, 'Wanderlust', *Maidean i mBéarra agus Dánta Eile*, Comhlucht Oideachais na hÉireann 1914

Breathnach, Colm, 'Dán do Scáthach', *Scáthach*, Coiscéim 1994

Breathnach, Colm, 'Gráinne agus Diarmaid', *Scáthach*, Coiscéim 1994

Breathnach, Colm, 'Macha', *Cantaic an Bhalbháin*, Coiscéim 1991

Breathnach, Pól, 'An Uachais', *Do Lorg: Dánta agus Aortha*, Cló Iar-Chonnachta 1997

Brennan, Deirdre, 'Seoda Cuimhne' *Thar Cholbha na Mara,* Coiscéim 1993

Dáibhís, Bríd, 'Duitse gach Dúil', *Tráithnín Seirce*, Coiscéim 1999

Davitt, Michael, 'An Ghrian i Rath Maonais', *Gleann ar Ghleann*, Sáirséal agus Ó Marcaigh 1982

Davitt, Michael, 'Báisteach', *Scuais*, Cló Iar-Chonnachta 1998

Davitt, Michael, 'I gCuimhne ar Sheán de hÓra † 1989', *An Tost a Scagadh*, Coiscéim 1993

Davitt, Michael, 'Lúnasa', *Bligeard Sráide*, Coiscéim 1983

de Fréine, Celia, 'Stórtha Arda', *Idir Cabáistí is Ríonacha* (le foilsiú ag Cló Iar-Chonnachta 2001)

de Paor, Louis, 'An Seomra Codlata', *Seo, Siúd agus Uile*, Coiscéim 1996

de Paor, Louis, 'Glaoch Gutháin', *30 Dán*, Coiscéim 1992

de Paor, Louis, 'Thar Am', *Corcach agus Dánta Eile*, Coiscéim 1999

de Paor, Louis, 'Uabhar an Iompair', *Corcach agus Dánta Eile*, Coiscéim 1999

Ellis, Conleth, 'Naoi dTimpeall', *Nead Lán Sneachta*, Coiscéim 1982

Ellis, Conleth, 'Thàinig mo Rìgh air Tìr am Muideart', *Nead Lán Sneachta*, Coiscéim 1982

Gógan, Liam S., 'Liobharn Stáit', *Dánta Eile 1939-41*, Oifig an tSoláthair 1946

Gógan, Liam S., 'Na Coisithe', *Dánta agus Duanóga*, Muintir C.S. Ó Fallamhain, Teo. 1929

Hartnett, Michael, 'An Dobharchú Gonta', *A Necklace of Wrens*, Gallery Books 1987

Hartnett, Michael, 'Fís Dheireanach Eoghain Rua Uí Shúilleabháin', *A Necklace of Wrens*, Gallery Books 1987

Hodder, Liam, 'Ár nÁit', *Domhnall gan a bheith óg*, Coiscéim 1996

Hodder, Liam, 'Whacker', *Domhnall gan a bheith óg*, Coiscéim 1986

Hutton, Seán, 'Máireoigín an Oilc', *Seachrán Ruairí agus Dánta Eile*, Coiscéim 1986

Jenkinson, Biddy, 'Amhrán Mhis ag Grianstad an Gheimhridh', *Dán na hUidhre*, Coiscéim 1991

Jenkinson, Biddy, 'Aubade', *Baisteadh Gintlí*, Coiscéim 1986

Jenkinson, Biddy, 'Éiceolaí, *Baisteadh Gintlí*, Coiscéim 1986

Jenkinson, Biddy, 'Uisce Beatha', *Uiscí Beatha*, Coiscéim 1988

Mac Donnacha, Jackie, 'Roy Rogers agus na hOutlaws', *An Chéad Chló*, Cló Iar-Chonnachta 1997

Mac Eoin, Gearailt, 'An tEarrach mar Bhanphrionsa', *Labhraí Loingseach*, Coiscéim 1988

Mac Fhearghusa, Pádraig, 'Dála Actaeon, *Mearcair*, Coiscéim 1996

Mac Liammóir, Micheál, 'Na Cait', *Bláth agus Taibhse*, Sáirséal agus Dill 1964

Mac Lochlainn, Gearóid, 'Brionglóid Dheireanach Chrazyhorse', *An Dubh-Thuaisceart: Cnuasach Litríochta*, An Clochán 1995

Mac Piarais, Pádraig, 'Fornocht do Chonac Thú', *Suantraidhe agus Goltraidhe*, The Irish Review 1914

Mac Síomóin, Tomás, 'Eitilt', *Scian*, Sáirséal agus Ó Marcaigh 1989

Mac Síomóin, Tomás, 'Níl in Aon Fhear ach a Fhocal', *Scian*, Sáirséal agus Ó Marcaigh 1989

Mac Síomóin, Tomás, 'Oisín: Apologia', *Scian*, Sáirséal agus Ó Marcaigh 1989

Maude, Caitlín, 'An Mháthair', *Caitlín Maude: Dánta*, Coiscéim 1984

Mhac an tSaoi, Máire, 'Ceathrúintí Mháire Ní Ógáin', *Margadh na Saoire*, Sáirséal agus Dill 1956

Mhac an tSaoi, Máire, 'Jack', *Margadh na Saoire*, Sáirséal agus Dill 1956

Ní Dhomhnaill, Nuala, 'Ag Tiomáint Siar', *Feis*, An Sagart 1991

Ní Dhomhnaill, Nuala, 'An Bhatráil', *Feis*, An Sagart 1991

Ní Dhomhnaill, Nuala, 'Geasa', *Féar Suaithinseach*, An Sagart 1984

Ní Dhomhnaill, Nuala, 'I mBaile an tSléibhe', *An Dealg Droighin*, Cló Mercier, 1981

Ní Dhomhnaill, Nuala, 'Leaba Shíoda', *An Dealg Droighin*, Cló Mercier, 1981

Ní Fhoghlú, Áine, 'Slán Chughat Siar', *Idir na Fleánna*, Oifig Díolta Foilseacháin Rialtais 1930

Ní Ghlinn, Áine, 'An Chéim Bhriste', *An Chéim Bhriste*, Coiscéim 1984

Ní Thuama, Máire, 'Réadúlacht', *Rogha an Fhile*, The Goldsmith Press g.d.

Nic Gearailt, Máire Áine, 'Sicisintiséis', *Mo Chúis Bheith Beo*, Coiscéim 1991

Ó Beacháin, Breandán, 'Guí an Rannaire', *Poems and a Play in Irish*, Gallery Books 1981

Ó Coisdealbha, Seán, 'Raiftearaí agus an File', *Buille faoi Thuairim Gabha*, Cló Iar-Chonnachta 1987

Ó Conghaile, Caoimhín, 'Préludes', *Dánta*, An Clóchomhar 1964

Ó Croiligh, Pádraig, 'Tá Ealaín ins an Mhóin', *Ceantair Shamhalta*, An Clóchomhar 1971

Ó Cuaig, Micheál, 'Inbhear', *Clocha Reatha*, Cló Iar-Chonnachta 1986

Ó Cuaig, Micheál, 'Uchtóga', *Uchtóga*, Cló Chonamara 1985

Ó Curraoin, Seán, *Beairtle*, Cló Iar-Chonnachta 1985

Ó Curraoin, Seán, 'Toghadh na bhFrataí', *Soilse ar na Dumhchannaí*, Taibhse 1985

Ó Direáin, Máirtín, 'Blianta an Chogaidh', *Dánta 1939-1979*, An Clóchomhar 1980

Ó Direáin, Máirtín, 'Cranna Foirtil', *Dánta 1939-1979*, An Clóchomhar 1980

Ó Direáin, Máirtín, 'Gleic mo Dhaoine', *Dánta 1939-1979*, An Clóchomhar 1980

Ó Direáin, Máirtín, 'Ó Mórna', *Dánta 1939-1979*, An Clóchomhar 1980

Ó Doibhlin, Diarmaid, 'Bata Draighin', *Drumaí Móra*, An Clóchomhar 1997

Ó Donnchadha, Joe Shéamais Sheáin, 'An Gráinneach Mór', *Dánta Fhilí Bhaile na mBroghach*, Cló Chois Fharraige 1983

Ó Duinnín, Pádraig, 'Caoineadh do Mhícheál Breathnach', *Spiorad na Saoirse agus Dánta Eile*, Officina Typographica 1982 (1908)

Ó Fínneadha, Learaí, 'An Gruagach Ribeach' (neamhfhoilsithe)

Ó Gráinne, Diarmaid, 'An Ghrian is an Ghealach', *Spealadh an Drúchta*, Coiscéim 1995

Ó hÉigeartaigh, Pádraig, 'Ochón, a Dhonncha', *Cuisle na hÉigse*, Eag. Éamon Cuirtéis, Mártan Lester, Tta. 1920

Ó Leocháin, Seán, 'Lámha', *Aithrí Thoirní*, An Clóchomhar 1986

Ó Lúing, Seán, 'Uaigneas Comórtha', *Dúnmharú Chat Alexandreia*, Coiscéim 1997

Ó Maolfabhail, Art, 'Buaileann an Dúchas Bleid ar an Mheabhair', *Aistí Dána*, Preas Dhún Dealgan 1964

Ó Miléadha, Pádraig, *Trí Glúine Gael*, Oifig an tSoláthair 1953

Ó Muireadhaigh, Réamonn, 'Siollaí na hÁilleachta', *Athphreabadh na hÓige*, An Clóchomhar 1964

Ó Muirthile, Liam, 'An Ceoltóir Jazz', *Tine Chnámh*, Sáirséal agus Ó Marcaigh 1984

Ó Muirthile, Liam, 'An Cúrsa Buan', *Tine Chnámh*, Sáirséal agus Ó Marcaigh 1984

Ó Muirthile, Liam, 'Caoineadh na bPúcaí', *Dialann Bóthair*, The Gallery Press 1992

Ó Muirthile, Liam, 'Carraig Aifrinn', *Tine Chnámh*, Sáirséal agus Ó Marcaigh 1984

Ó Muirthile, Liam, 'Ceolta Óir', *Dialann Bóthair*, The Gallery Press 1992

Ó Neachtain, Joe Steve, 'Faoiseamh', *Éigse an Aeir*, Coiscéim 1998

Ó Néill, Séamus, 'Mórtas Dálach', *Dánta,* Glúin na Buaidhe 1944

Ó Ríordáin, Seán, 'Adhlacadh mo Mháthar', *Eireaball Spideoige*, Sáirséal agus Dill 1952

Ó Ríordáin, Seán, 'Fill Arís', *Brosna*, Sáirséal agus Dill 1964

Ó Ríordáin, Seán, 'An Stoirm', *Eireaball Spideoige*, Sáirséal agus Dill 1952

Ó Ríordáin, Seán, 'Oileán agus Oileán Eile', *Eireaball Spideoige*, Sáirséal agus Dill 1952

Ó Ríordáin, Seán, 'Siollabadh', *Eireaball Spideoige*, Sáirséal agus Dill 1952

Ó Ruairc, Mícheál, 'Píobaire na mBan', *Fuil Shamhraidh*, Coiscéim 1987

Ó Searcaigh, Cathal, 'Anseo ag Stáisiún Chaiseal na gCorr', *Homecoming/An Bealach 'na Bhaile*, Cló Iar-Chonnachta 1993

Ó Searcaigh, Cathal, 'Cor Úr', *Homecoming/An Bealach 'na Bhaile*, Cló Iar-Chonnachta 1993

Ó Searcaigh, Cathal, 'Cré na Cuimhne', *Na Buachaillí Bána*, Cló Iar-Chonnachta 1996

Ó Searcaigh, Cathal, 'Níl Aon Ní', *Homecoming/An Bealach 'na Bhaile*, Cló Iar-Chonnachta 1993

Ó Siadhail, Micheál, 'Seanchas', *Cumann*, An Clóchomhar 1982

Ó Tuairisc, Eoghan, 'Aifreann na Marbh', *Lux Aeterna*, Allen-Figgis 1964

Ó Tuairisc, Eoghan, 'Oíche Nollag', *Lux Aeterna*, Allen-Figgis 1964

Ó Tuama, Seán, 'Christy Ring', *An Bás i dTír na nÓg*, Coiscéim 1987

Prút, Liam, 'Iomramh', *Asail*, An Clóchomhar 1982

Rosenstock, Gabriel, 'Clog', *Om*, An Clóchomhar 1983

Rosenstock, Gabriel, 'Teilifís', *Om*, An Clóchomhar 1983

Strong, Eithne, 'Fáilte Romhat Isteach', *Cirt Oibre*, Coiscéim 1980

Tóibín, Tomás, 'Fodhomhan', *Súil le Cuan*, Cló Morainn 1969

Tagra don Réamhrá

Ní thagraítear do chnuasaigh a bhfuil dánta astu sa Duanaire

Davitt, Michael, Eag., Louis de Paor, *Freacnairc Mhearcair: The Oomph of Quicksilver* (Corcaigh 2000)

de hÍde, Dubhghlas, *Ubhla den Chraoibh* (Baile Átha Cliath 1901)

Gógan, Liam S., *Duanaire a Sé* (Baile Átha Cliath 1966)

Gógan, Liam S., *Nua-Dhánta* (Baile Átha Cliath 1919)

Hutchinson, Pearse, agallamh in *Innti 11*

Mac Síomóin, Tomás, agallamh in *Innti 5*

MacGill-Eain, Somhairle, agallamh in *Innti 10*

Ní Dhomhnaill, Nuala, 'Ceardlann Filíochta', *Léachtaí Cholm Cille XVII* (Maigh Nuad 1986)

Ó Cadhain, Máirtín, *Páipéir Bhána agus Páipéir Bhreaca* (Baile Átha Cliath 1969)

Ó Coigligh, Ciarán, *Raiftearaí: Amhráin agus Dánta* (Baile Átha Cliath 1987)

Ó Conchúir, M. F., *Cuisne Fómhair* (Baile Átha Cliath 1988)

Ó Dúill, Gréagóir, *Blaoscoileán* (Baile Átha Cliath 1988)

Ó Dúill, Gréagóir, *Fearann Pinn* (Baile Átha Cliath 2000)

Ó hÉigeartaigh, Seán *Cama Shiúlta* (Baile Átha Cliath 1964)

Ó Miléadha, Pádraig, *An Fiannaidhe Fáin* (Baile Átha Cliath 1934)

Ó Tuairisc, Eoghan, Eag., Máirín Nic Eoin, *Religio Poetae agus Aistí Eile* (Baile Átha Cliath 1987)

Ó Tuairisc, Eoghan, *Rogha an Fhile* (Baile Átha Cliath g.d.)

Ó Tuama, Seán, *Faoileáin na Beatha* (Baile Átha Cliath 1962)

O'Brien, Frank, *Filíocht Ghaeilge na Linne Seo* (Baile Átha Cliath 1968)

O'Brien, Frank, *Duanaire Nuafhilíochta*, (Baile Átha Cliath 1969)

Póirtéir, Cathal, *Éigse an Aeir* (Baile Átha Cliath 1988)

Titley, Alan, *Chun Doirne: Rogha Aistí* (Béal Feirste 1996)